BNCC E PPP
ARTICULAÇÕES E CAMINHOS PARA A IMPLEMENTAÇÃO DEMOCRÁTICA NA ESCOLA

Editora Appris Ltda.
1.ª Edição - Copyright© 2025 dos autores
Direitos de Edição Reservados à Editora Appris Ltda.

Nenhuma parte desta obra poderá ser utilizada indevidamente, sem estar de acordo com a Lei nº 9.610/98. Se incorreções forem encontradas, serão de exclusiva responsabilidade de seus organizadores. Foi realizado o Depósito Legal na Fundação Biblioteca Nacional, de acordo com as Leis nos 10.994, de 14/12/2004, e 12.192, de 14/01/2010.

Catalogação na Fonte
Elaborado por: Dayanne Leal Souza
Bibliotecária CRB 9/2162

A474b
2025
	Alves, Edson Ferreira
	    BNCC e PPP: articulações e caminhos para a implementação democrática na escola / Edson Ferreira Alves. – 1. ed. – Curitiba: Appris, 2025.
	    204 p. ; 23 cm. – (Educação, tecnologias e transdisciplinaridade).
	
	    Inclui referências.
	    ISBN 978-65-250-7703-1
	
	    1. Base Nacional Comum Curricular. 2. Educação e Estado. 3. Currículo. 4. Democracia e educação. 5. Educação infantil. 6. Ensino fundamental. 7. Professores - Formação. I. Título. II. Série.
	
	CDD – 379

Livro de acordo com a normalização técnica da ABNT

Appris
editorial

Editora e Livraria Appris Ltda.
Av. Manoel Ribas, 2265 – Mercês
Curitiba/PR – CEP: 80810-002
Tel. (41) 3156 - 4731
www.editoraappris.com.br

Printed in Brazil
Impresso no Brasil

Edson Ferreira Alves

BNCC E PPP
ARTICULAÇÕES E CAMINHOS PARA
A IMPLEMENTAÇÃO DEMOCRÁTICA NA ESCOLA

Appris
editora

Curitiba, PR
2025

FICHA TÉCNICA

EDITORIAL
Augusto Coelho
Sara C. de Andrade Coelho

COMITÊ EDITORIAL E CONSULTORIAS
Ana El Achkar (Universo/RJ)
Andréa Barbosa Gouveia (UFPR)
Antonio Evangelista de Souza Netto (PUC-SP)
Belinda Cunha (UFPB)
Délton Winter de Carvalho (FMP)
Edson da Silva (UFVJM)
Eliete Correia dos Santos (UEPB)
Erineu Foerste (Ufes)
Fabiano Santos (UERJ-IESP)
Francinete Fernandes de Sousa (UEPB)
Francisco Carlos Duarte (PUCPR)
Francisco de Assis (Fiam-Faam-SP-Brasil)
Gláucia Figueiredo (UNIPAMPA/ UDELAR)
Jacques de Lima Ferreira (UNOESC)
Jean Carlos Gonçalves (UFPR)
José Wálter Nunes (UnB)
Junia de Vilhena (PUC-RIO)
Lucas Mesquita (UNILA)
Márcia Gonçalves (Unitau)
Maria Margarida de Andrade (Umack)
Marilda A. Behrens (PUCPR)
Marília Andrade Torales Campos (UFPR)
Marli C. de Andrade
Patrícia L. Torres (PUCPR)
Paula Costa Mosca Macedo (UNIFESP)
Ramon Blanco (UNILA)
Roberta Ecleide Kelly (NEPE)
Roque Ismael da Costa Güllich (UFFS)
Sergio Gomes (UFRJ)
Tiago Gagliano Pinto Alberto (PUCPR)
Toni Reis (UP)
Valdomiro de Oliveira (UFPR)

SUPERVISORA EDITORIAL
Renata C. Lopes

PRODUÇÃO EDITORIAL
Adrielli de Almeida

REVISÃO
Stephanie Ferreira Lima

DIAGRAMAÇÃO
Jhonny Alves dos Reis

CAPA
Carlos Pereira

REVISÃO DE PROVA
Daniela Nazario

COMITÊ CIENTÍFICO DA COLEÇÃO EDUCAÇÃO, TECNOLOGIAS E TRANSDISCIPLINARIDADE

DIREÇÃO CIENTÍFICA
Dr.ª Marilda A. Behrens (PUCPR)
Dr.ª Patrícia L. Torres (PUCPR)

CONSULTORES
Dr.ª Ademilde Silveira Sartori (Udesc)
Dr. Ángel H. Facundo
(Univ. Externado de Colômbia)
Dr.ª Ariana Maria de Almeida Matos Cosme
(Universidade do Porto/Portugal)
Dr. Artieres Estevão Romeiro
(Universidade Técnica Particular de Loja-Equador)
Dr. Bento Duarte da Silva
(Universidade do Minho/Portugal)
Dr. Claudio Rama (Univ. de la Empresa-Uruguai)
Dr.ª Cristiane de Oliveira Busato Smith
(Arizona State University /EUA)
Dr.ª Dulce Márcia Cruz (Ufsc)
Dr.ª Edméa Santos (Uerj)
Dr.ª Eliane Schlemmer (Unisinos)
Dr.ª Ercilia Maria Angeli Teixeira de Paula (UEM)
Dr.ª Evelise Maria Labatut Portilho (PUCPR)
Dr.ª Evelyn de Almeida Orlando (PUCPR)
Dr. Francisco Antonio Pereira Fialho (Ufsc)
Dr.ª Fabiane Oliveira (PUCPR)

Dr.ª Iara Cordeiro de Melo Franco (PUC Minas)
Dr. João Augusto Mattar Neto (PUC-SP)
Dr. José Manuel Moran Costas
(Universidade Anhembi Morumbi)
Dr.ª Lúcia Amante (Univ. Aberta-Portugal)
Dr.ª Lucia Maria Martins Giraffa (PUCRS)
Dr. Marco Antonio da Silva (Uerj)
Dr.ª Maria Altina da Silva Ramos
(Universidade do Minho-Portugal)
Dr.ª Maria Joana Mader Joaquim (HC-UFPR)
Dr. Reginaldo Rodrigues da Costa (PUCPR)
Dr. Ricardo Antunes de Sá (UFPR)
Dr.ª Romilda Teodora Ens (PUCPR)
Dr. Rui Trindade (Univ. do Porto-Portugal)
Dr.ª Sonia Ana Charchut Leszczynski (UTFPR)
Dr.ª Vani Moreira Kenski (USP)

A concepção de educação é entendida, aqui, como prática social, portanto, constitutiva e constituinte das relações sociais mais amplas, a partir de embates e processos em disputa que traduzem distintas concepções de homem, mundo e sociedade. Para efeito desta análise, a educação é entendida como processo amplo de socialização da cultura, historicamente produzida pelo homem, e a escola, como lócus privilegiado de produção e apropriação do saber, cujas políticas, gestão e processos se organizam, coletivamente ou não, em prol dos objetivos de formação. Sendo assim, políticas educacionais efetivamente implicam o envolvimento e o comprometimento de diferentes atores, incluindo gestores e professores vinculados aos diferentes sistemas de ensino.

(Luiz Fernandes Dourado)

AGRADECIMENTOS

Gostaria de expressar meus sinceros agradecimentos aos meus familiares, amigos e colegas de trabalho; registro minha mais profunda gratidão. Vocês, com suas palavras de incentivo, compreensão e apoio incondicional, foram o alicerce que sustentou cada passo dessa jornada. A presença de vocês, mesmo nos momentos mais desafiadores, foi fundamental para a materialização desta obra.

À Secretaria Municipal de Educação de São Luís de Montes Belos, Goiás, pela confiança e pelo apoio imprescindível na viabilização deste projeto. Sem o incentivo e as condições proporcionadas pela SME, esta obra não teria alcançado a profundidade e a relevância que buscamos.

Aos cursistas da formação "BNCC e PPP: conceitos, estrutura e articulações", viabilizada pela SME de São Luís de Montes Belos, meu agradecimento especial. A troca de experiências e o compromisso de cada um de vocês enriqueceram este trabalho de maneira inestimável. Espero que este livro seja mais um instrumento em suas mãos para a construção de uma educação mais justa e socialmente referenciada.

Agradecimento especial à Profa. Ma. Fernanda Maria Siqueira Tavares pela trajetória compartilhada e contribuições importantes que ampliaram a qualidade do primeiro capítulo. Que nossa parceria na e pela Educação se frutifique ainda mais.

Por fim, ao professor doutor Jarbas de Paula Machado, meu mais sincero reconhecimento pelo prefácio desta obra. Sua análise precisa e suas reflexões trouxeram um brilho especial a este trabalho. Agradeço a generosidade em compartilhar sua vasta experiência e conhecimento, elevando o valor deste livro para todos os que o lerem.

A todos vocês, minha eterna gratidão. Este livro é, em grande parte, fruto de uma construção coletiva, que só foi possível graças ao apoio e à colaboração de cada um de vocês. Que ele possa servir de inspiração e guia para todos aqueles que se dedicam à nobre tarefa de educar.

Dedico esta obra, com profundo respeito e admiração, a todos os professores da rede pública de ensino, que, com esmero compromisso, contribuem com o futuro de nosso país, enfrentando desafios diários com coragem e sabedoria. Vocês são a essência viva da educação e os verdadeiros agentes de transformação social.

Aos amigos e aos colegas de trabalho, cuja parceria e apoio constante tornaram este livro possível, minha gratidão eterna. Vocês são a prova de que o trabalho colaborativo e o espírito de equipe são as forças motrizes das grandes realizações.

E, acima de tudo, à minha família, que sempre esteve ao meu lado, oferecendo amor, compreensão e incentivo. Sem vocês, nada disso seria possível.

PREFÁCIO

A utilização da Base Nacional Curricular Comum (BNCC) como referência para uma educação crítica, reflexiva, plural, emancipadora e comprometida com os princípios da gestão democrática das unidades escolares e de seus respectivos sistemas de ensino é possível. O Prof. Dr. Edson Ferreira Alves, em *BNCC e PPP: articulações e caminhos para a implementação democrática na escola*, propõe reflexões que colaboram para um olhar menos averso à "base nacional", o que diferencia o texto de outras produções acadêmicas que, não raramente, negam ou minimizam a importância dele, que é o principal instrumento de organização da política curricular de nosso país.

Ao reconhecer a BNCC como expressão concreta do currículo formal da educação no Brasil e pontuar possibilidades de sua utilização dentro de uma perspectiva democrática e participativa, o autor o faz sem desconsiderar as críticas que cabem ao documento. Tem-se o cuidado de apresentar a BNCC como um referencial construído histórica, social e politicamente em um contexto caracterizado por disputas acirradas pela concepção de educação pretendida por diferentes atores.

Além de colaborar para a discussão de aspectos conceituais, políticos e ideológicos que envolvem a BNCC, o autor analisa como o documento está estruturado, sobretudo no que se refere às competências e às habilidades. Longe de apreendê-lo na perspectiva da "pedagogia das competências", termo comumente utilizado para crítica ao pragmatismo que pode, de fato, caracterizar a "base", o autor se lança ao desafio de encontrar entre o currículo formal e o currículo real um lugar para manifestação inteligente de ressignificação e resistência às nuances tecnicistas do documento: na articulação entre a BNCC e a elaboração e desenvolvimento do Projeto Político Pedagógico (PPP) vislumbra-se um espaço promissor para o planejamento pedagógico comprometido com uma educação humanista e, portanto, emancipadora.

A leitura é indispensável aos educadores que, no chão da escola, sentem-se constrangidos com eventuais interpretações que estabelecem limites à autonomia no planejamento, seja especificamente das aulas, seja da própria gestão da proposta pedagógica em suas diferentes dimensões.

A participação efetiva da comunidade escolar representada pelos gestores, professores, estudantes, famílias e funcionários é um caminho apontado pelo autor para que o PPP não seja apenas um instrumento de reprodução das diretrizes da BNCC, mas um espaço que reverbere as vozes e demandas da comunidade. Nesse sentido, a gestão democrática é apresentada como uma estratégia para minimizar os conflitos entre a ameaça de padronização mecanicista do currículo e a autonomia da escola.

Com certeza, o livro é um presente para leitores que apreciam trabalhos com ideias bem definidas e roteiro coerente com o que se propõe no título. O texto apresentado é didaticamente impecável. A linguagem e a estrutura utilizadas na exposição do tema alcançam tanto o campo da pesquisa acadêmica mais avançada quanto aqueles que estão ingressando pela primeira vez no assunto.

Que este livro não apenas informe, mas também inspire e motive mudanças que contribuam para uma educação mais justa e equitativa e que consiga fomentar alternativas para repensar, renovar e reforçar o compromisso com uma educação que seja, acima de tudo, um meio para o desenvolvimento pleno e integral de cada indivíduo.

Boa leitura!

4 de outubro de 2024
Prof. Dr. Jarbas de Paula Machado
Secretaria Municipal de Educação de São Luís de Montes Belos, Goiás
Universidade Estadual de Goiás (UEG), campus Oeste

APRESENTAÇÃO

A obra *BNCC e PPP: articulações e caminhos para a implementação democrática na escola* nasce da necessidade de um aprofundamento teórico e prático sobre a integração entre a Base Nacional Comum Curricular (BNCC) e o Projeto Político-Pedagógico (PPP) nas escolas brasileiras. Este livro é resultado de uma pesquisa minuciosa e de uma reflexão crítica sobre os desafios e possibilidades que emergem da implementação dessas diretrizes curriculares, que impactam a educação no Brasil. Compreender as nuances dessa articulação é essencial para gestores, professores e todos os profissionais envolvidos na construção de uma educação de qualidade, democrática e inclusiva.

A BNCC de educação infantil e de ensino fundamental[1], homologada em 2017, representa um marco significativo na educação brasileira, propondo uma base comum para a formação dos estudantes em todo o país. Sua estrutura, focada no desenvolvimento de competências e habilidades, visa preparar os estudantes para os desafios do século XXI, promovendo uma formação integral que abarca tanto os aspectos cognitivos quanto os socioemocionais. Entretanto, a aplicação prática dessas diretrizes exige uma adaptação cuidadosa às especificidades locais, tarefa que é mediada pelo PPP, documento que expressa a identidade de cada instituição escolar.

Este livro, dividido em três capítulos, oferece uma análise detalhada dos principais aspectos que envolvem a BNCC de educação infantil e de ensino fundamental e o PPP, desde suas bases teóricas e históricas até os desafios de sua implementação nas escolas. No primeiro capítulo, exploramos a estrutura da BNCC, destacando seus fundamentos legais, teóricos e conceituais. Abordamos a evolução histórica da construção curricular no Brasil, contextualizando a BNCC como continuidade dos Parâmetros Curriculares Nacionais (PCNs) e outros marcos importantes. Essa contextualização é fundamental para entender a BNCC não apenas como um documento normativo, mas como um esforço contínuo de promover uma proposta de educação equitativa e de qualidade, conforme seus formuladores.

---

[1] Este livro aborda especificamente a Base Nacional Comum Curricular das etapas da educação infantil e do ensino fundamental aprovadas pelo Conselho Nacional de Educação em dezembro de 2017. A Base de ensino médio foi aprovada em 2018 considerando os impactos da Lei n.º 13.415/2017 — a reforma da etapa promovido pelo então Governo Michel Temer.

O segundo capítulo aprofunda-se no Projeto Político-Pedagógico, destacando sua importância como instrumento central na gestão escolar. O PPP é o documento que permite às escolas adaptar as diretrizes nacionais às suas realidades específicas, assegurando que o currículo seja contextualizado e relevante para a comunidade escolar. Nesse capítulo, discutimos a estrutura do PPP, seus fundamentos legais e teóricos e a importância da gestão democrática e participativa na sua construção. O envolvimento de todos os atores educacionais — gestores, professores, estudantes, pais/responsáveis e comunidade — é destacado como pilar para a legitimação e materialização do PPP.

No terceiro capítulo, abordamos a articulação entre a BNCC e o PPP, identificando os principais desafios e as perspectivas para a sua superação. A diversidade cultural e socioeconômica do Brasil apresenta obstáculos significativos para a implementação uniforme da BNCC, o que reforça a importância do PPP como mediador dessas diferenças. Discutimos, também, o papel dos gestores e professores nesse processo, destacando a necessidade de formação continuada e de uma gestão escolar que promova a inovação pedagógica e a adaptação das diretrizes curriculares às realidades locais.

A integração entre o currículo oficial, real e oculto é outro tema central abordado ao longo deste livro. A BNCC, enquanto currículo oficial, estabelece as diretrizes que devem ser seguidas pelas escolas, mas é na prática pedagógica cotidiana — o currículo real — que essas diretrizes ganham vida. O currículo oculto, composto por normas e valores implícitos transmitidos no ambiente escolar, também exerce uma influência relevante na formação dos estudantes. Este livro propõe uma reflexão crítica sobre como alinhar esses diferentes níveis de currículo, utilizando o PPP como instrumento de coesão e integração.

A gestão democrática e participativa é um princípio orientador que permeia toda a obra. Este livro enfatiza a importância de uma gestão escolar que valorize a participação de todos os segmentos da comunidade, promovendo um ambiente educacional inclusivo e equitativo. A gestão democrática é apresentada como um eixo central para garantir que o PPP seja um documento vivo, capaz de se adaptar às mudanças e aos desafios que surgem no cotidiano escolar, e para assegurar que as diretrizes da BNCC sejam implementadas de maneira contextualizada.

As perspectivas futuras para a educação brasileira, abordadas ao final do terceiro capítulo, destacam a necessidade de um compromisso contínuo com a formação continuada dos professores, a melhoria da infraestrutura escolar e a promoção de uma cultura de inovação. A criação de redes de colaboração entre escolas, gestores e professores é vista como uma estratégia estruturante para fortalecer a integração entre BNCC e PPP, promovendo a troca de experiências e a construção coletiva de soluções para os desafios educacionais.

Visando apoiar aqueles que querem validar suas aprendizagens sobre a temática abordada na obra, bem como os postulantes a cargos públicos na área da Educação, disponibilizamos nos anexos os questionários que foram aplicados como instrumentos avaliativos no fechamento dos módulos do curso "BNCC e PPP: conceitos, estrutura e articulações"[2], ministrado pela Escola de Formação de Professores vinculada ao Departamento Pedagógico da Secretaria Municipal de Educação de São Luís de Montes Belos, Goiás. O presente autor atuou como coordenador geral e professor formador desse curso, sendo sua primeira edição executada nos anos de 2023-2024. Em determinadas partes desta obra, esse município é utilizado como exemplificação de movimentos em relação à implantação da Base e sua articulação com o PPP no respectivo Sistema Municipal de Ensino[3].

Este livro, portanto, oferece uma contribuição valiosa para o debate sobre a implementação da BNCC e a construção do PPP, propondo análises críticas e oferecendo sugestões práticas para a superação dos desafios identificados. A obra é destinada a gestores, professores, estudantes de Pedagogia, demais licenciaturas e todos os profissionais que se dedicam à educação, servindo como um guia para a construção de uma prática pedagógica que seja ao mesmo tempo rigorosa em seus fundamentos teóricos e flexível em sua aplicação prática.

Em suma, *BNCC e PPP: articulações e caminhos para a implementação democrática na escola* é uma obra que busca não apenas esclarecer os conceitos e as diretrizes que orientam a educação brasileira, mas também inspirar práticas educativas que promovam uma formação integral e emancipadora dos estudantes. Ao longo dos capítulos, procuramos oferecer uma visão integrada e crítica da relação entre BNCC e PPP, destacando a importância da participação coletiva e da gestão democrática como pilares para a construção de uma educação de qualidade, que responda às demandas sociais e prepare os estudantes para os desafios do futuro.

---

[2] Para mais informações sobre o curso, ver em ALVES, Edson Ferreira (org.). **BNCC e PPP**: conceitos, articulações e vivências. Curitiba: Editora Bagai, 2024.

[3] A respeito do Sistema Municipal de Ensino de São Luís de Montes Belos, Goiás, ver em ALVES, Edson Ferreira. **Conselhos Municipais de Educação em Goiás**: historicidade, movimentos e possibilidades. 2011. Dissertação (Mestrado em Educação Brasileira) – Universidade de Goiás, Goiânia, 2011.

LISTA DE ABREVIATURAS E SIGLAS

BNCC – Base Nacional Comum Curricular

CME – Conselho Municipal de Educação

DC-GO – Documento Curricular de Goiás – Ampliado

DCN – Diretrizes Curriculares Nacionais para a Educação Básica

ECA – Estatuto da Criança e do Adolescente

Fofa – Forças, Oportunidades, Fraquezas e Ameaças (SWOT)

Inep – Instituto Nacional de Estudos e Pesquisas Educacionais Anísio Teixeira

LDB – Lei de Diretrizes e Bases da Educação Nacional

OCDE – Organização para a Cooperação e Desenvolvimento Econômico

PCN – Parâmetros Curriculares Nacionais

PNE – Plano Nacional de Educação

PPP – Projeto Político-Pedagógico

RCNEI – Referencial Curricular Nacional para a Educação Infantil

RME – Rede Municipal de Ensino

SAE – Sistema de Avaliação Educacional

SLMBelos – São Luís de Montes Belos

SME – Sistema Municipal de Ensino

Smed – Secretaria Municipal de Educação

ZDP – Zona de Desenvolvimento Proximal

SUMÁRIO

INTRODUÇÃO 21

1

BASE NACIONAL COMUM CURRICULAR: ESTRUTURA, DESAFIOS E PERSPECTIVAS 25

1.1 Aspectos teóricos da BNCC 27

1.2 Aspectos históricos da BNCC 29

1.3 Conceitos gerais da BNCC 34

1.4 BNCC da educação infantil 39

1.5 BNCC do ensino fundamental 50

1.6 Impactos e implementação da BNCC 60

1.7 Análise da aprovação da BNCC para o sistema de ensino de São Luís de Montes Belos 61

1.8 Principais críticas da academia e comunidade educacional à BNCC 62

2

DIMENSÕES DO PROJETO POLÍTICO-PEDAGÓGICO: FUNDAMENTOS E CONTRIBUIÇÕES 69

2.1 Contexto histórico do Projeto Político-Pedagógico 71

2.2 Base legal do Projeto Político-Pedagógico 73

2.3 Princípios e fundamentos do Projeto Político-Pedagógico 78

2.4 Objetivos do Projeto Político-Pedagógico 84

2.5 Processo de Construção Democrática e Participativa do PPP 86

2.6 Estrutura e organização de um Projeto Político-Pedagógico 89

2.7 Cuidados na mobilização dos sujeitos e na elaboração do documento 95

2.8 Dicas e pontos de atenção na elaboração do PPP 97

3

ARTICULAÇÃO ENTRE BNCC E PPP: DESAFIOS, CONTRADIÇÕES E PERSPECTIVAS 103

3.1 A materialização da BNCC no cotidiano escolar 104

3.1.1 A BNCC como documento orientador do currículo oficial e a sua aplicação na realidade das escolas 105

3.1.2 Desafios na implementação da BNCC e a adaptação às especificidades locais 109

3.1.3 Reflexões sobre a integração do currículo oficial com o currículo real e o currículo oculto 110

3.1.4 Os caminhos e passos importantes para a implementação da BNCC por meio do PPP 112

3.2 O papel dos gestores na articulação entre BNCC e PPP...........................122

3.2.1 Função estratégica dos gestores na implementação e monitoramento da BNCC por meio do PPP 122

3.2.2 Práticas de gestão democrática e participativa como suporte à articulação eficaz entre BNCC e PPP 124

3.2.3 Estratégias para promover a coesão entre as diretrizes normativas e a prática cotidiana nas escolas 126

3.3 A atuação dos professores no planejamento e na execução do currículo...........................130

3.3.1 A importância do trabalho docente na materialização dos objetivos da BNCC dentro do PPP 130

3.3.2 Planejamento pedagógico como ferramenta para alinhar o currículo oficial às práticas de sala de aula 132

3.3.3 A prática reflexiva do docente diante dos desafios da articulação entre BNCC e PPP 134

3.4 Gestão democrática e participativa: princípio orientador 136

3.4.1 Definição e importância da gestão democrática e participativa na educação 136

3.4.2 A gestão democrática como eixo central na construção e implementação do PPP alinhado à BNCC 138

3.4.3 Exemplos de práticas de gestão participativa que fortalecem a relação entre BNCC e PPP 140

3.5 Desafios e perspectivas na articulação entre BNCC e PPP...........................142

3.5.1 Análise crítica dos desafios enfrentados pelas escolas na articulação entre BNCC e PPP 143

3.5.2 Perspectivas futuras para a superação dos desafios e o fortalecimento da integração entre currículo oficial, real e oculto 145

CONSIDERAÇÕES FINAIS 151

REFERÊNCIAS 155

ANEXO 163

INTRODUÇÃO

A educação brasileira tem sido, ao longo dos anos, palco de inúmeras reformas e políticas que buscam responder às demandas sociais e econômicas do país. Nesse contexto, as políticas curriculares desempenham um papel central, pois definem as diretrizes e os objetivos que orientam a formação dos estudantes. A Base Nacional Comum Curricular (BNCC) e o Projeto Político-Pedagógico (PPP) emergem como elementos fundamentais dentro desse cenário, representando, respectivamente, a política educacional curricular mais abrangente já adotada no Brasil e o principal documento de orientação das práticas pedagógicas nas escolas. Este livro busca explorar a articulação entre a BNCC e o PPP, destacando os desafios, as potencialidades e as implicações dessa integração para a qualidade da educação.

A formulação de políticas curriculares no Brasil tem uma história marcada por avanços e retrocessos, refletindo as mudanças políticas, econômicas e sociais do país. Desde a promulgação da Lei de Diretrizes e Bases da Educação Nacional (LDB n.º 9.394/1996), em 1996, que estabeleceu as bases para a organização do sistema educacional brasileiro, as políticas curriculares passaram por várias reformulações, como exemplo, as alterações no artigo 26 deste diploma legal. A LDB, ao definir a educação como um direito de todos e um dever do Estado, destacou a importância de uma base comum de conteúdos, que veio a ser concretizada mais de duas décadas depois com a homologação da BNCC, em 2017. A criação da BNCC foi um marco, pois visava unificar os conteúdos e competências a serem desenvolvidos em todas as escolas do país, reduzindo as disparidades regionais e promovendo a equidade na educação, nos dizeres de seus formuladores.

No entanto, a história das políticas curriculares no Brasil também revela fragilidades, especialmente no que diz respeito à implementação dessas políticas. A falta de continuidade das ações governamentais, a resistência de alguns setores educacionais e as desigualdades estruturais do país são fatores que têm dificultado a plena efetivação das diretrizes curriculares. Além disso, a centralização das decisões curriculares, muitas vezes desconsiderando as especificidades locais, tem sido alvo de críticas por parte de educadores e especialistas. Esses desafios mostram que, apesar dos avanços, as políticas curriculares no Brasil ainda enfrentam obstáculos significativos para se tornarem verdadeiramente eficazes e inclusivas.

A BNCC, como política curricular nacional, foi concebida para ser uma ferramenta de promoção da equidade e da qualidade na educação. Homologada em 2017 (educação infantil e ensino fundamental), a BNCC estabelece as competências e habilidades que todos os estudantes brasileiros devem desenvolver ao longo da educação básica, desde a educação infantil até o ensino médio. Seu objetivo é garantir que todos os estudantes, independentemente de sua origem social, econômica ou geográfica, tenham acesso a uma educação de qualidade, que os prepare para os desafios do mundo contemporâneo. No entanto, a BNCC não é apenas um documento técnico; ela também reflete escolhas políticas e ideológicas sobre o que deve ser ensinado e aprendido nas escolas.

Conceitualmente, a Base Nacional se fundamenta na ideia de competências, entendidas como a mobilização de conhecimentos, habilidades, atitudes e valores para resolver situações complexas. Essa abordagem vai além da mera transmissão de conteúdos, propondo uma educação que valorize o desenvolvimento integral dos estudantes. A BNCC organiza essas competências em dez competências gerais, que perpassam todas as áreas do conhecimento e todas as etapas da educação básica. A adoção dessa abordagem representa uma mudança significativa na forma como a educação é concebida no Brasil, alinhando-se às tendências internacionais de focar na formação de indivíduos capazes de atuar de forma crítica e responsável na sociedade.

O Projeto Político-Pedagógico, por sua vez, é o principal documento de orientação das práticas pedagógicas nas escolas. Ele é o instrumento que materializa a autonomia escolar, permitindo que cada escola defina suas diretrizes educacionais de acordo com as especificidades de sua comunidade. O PPP é mais do que um documento burocrático; ele é uma construção coletiva, que deve envolver todos os segmentos da comunidade escolar — gestores, professores, estudantes e famílias — em um processo democrático de reflexão e tomada de decisões. Nesse sentido, o PPP não apenas complementa a BNCC, mas também a contextualiza, adaptando suas diretrizes às realidades locais.

Historicamente, o conceito de Projeto Político-Pedagógico surgiu como uma resposta à centralização das decisões educacionais, propondo uma gestão escolar mais democrática e participativa. A LDB de 1996 foi um marco na institucionalização do PPP, ao estabelecer a obrigatoriedade de sua elaboração por todas as escolas do país, nominando-o como "proposta pedagógica". Desde então, o PPP tem sido visto como um instrumento essencial para a promoção da autonomia escolar e para a construção de uma educação que seja, ao mesmo tempo, inclusiva e de qualidade. No entanto, a elaboração e a implementação efetiva do PPP enfrentam desafios, como a falta de formação dos gestores e professores para conduzir esse processo e a resistência de algumas comunidades escolares em participar ativamente.

O conceito de articulação entre a BNCC e o PPP é central para a compreensão deste livro. A Base, ao estabelecer as diretrizes curriculares nacionais, precisa ser interpretada e adaptada pelas escolas por meio do PPP, que é o documento que expressa as especificidades locais e as particularidades de cada comunidade escolar. Essa articulação não é um processo simples, pois envolve a conciliação entre a padronização proposta pela BNCC e a autonomia desejada pelo PPP. É nesse ponto que surgem muitos dos desafios enfrentados pelas escolas, que precisam equilibrar essas duas dimensões para garantir que a educação oferecida seja relevante, contextualizada e de qualidade socialmente referenciada.

A articulação entre esses dois documentos, portanto, deve ser entendida como um processo dinâmico, que exige uma constante reflexão e adaptação. A BNCC fornece as diretrizes gerais, mas é o PPP que dá materialidade a essas diretrizes, adaptando-as às realidades locais e garantindo que elas sejam implementadas de forma concreta. Esse processo de articulação envolve não apenas a adaptação dos conteúdos e das metodologias de ensino, mas também a construção de uma gestão escolar que seja democrática e participativa, capaz de promover a inclusão e a equidade na educação.

A importância da articulação entre BNCC e PPP é fundamental, pois é por meio desse processo que se busca garantir uma educação de qualidade para todos os estudantes. Todavia, esse processo também revela fragilidades, especialmente no que diz respeito à capacidade das escolas de adaptar as diretrizes da Base às suas realidades específicas. A falta de recursos, a desigualdade de infraestrutura entre as escolas e a resistência à mudança são alguns dos fatores que dificultam essa articulação, comprometendo a efetividade das políticas curriculares.

A legalidade do PPP e da BNCC é assegurada por uma série de marcos legais, que conferem a esses documentos um caráter normativo. A LDB de

1996, o Estatuto da Criança e do Adolescente (ECA – Lei Federal n.º 8.069, de 13 de julho de 1990), o Plano Nacional de Educação (PNE 2014-2024 – Lei n.º 13.005, de 25 de junho de 2014) e a própria Constituição Federal de 1988 são exemplos de legislações que garantem a obrigatoriedade da elaboração do PPP e a implementação da BNCC. Esses marcos legais estabelecem os princípios e as diretrizes que orientam a construção dessas políticas, garantindo que elas estejam alinhadas com os direitos e deveres dos estudantes e das instituições educacionais.

Contudo, a legalidade dessas políticas não garante, por si só, a sua eficácia. A implementação efetiva da BNCC e do PPP depende de uma série de fatores, como a formação continuada dos professores, a adequação dos materiais didáticos e a participação ativa da comunidade escolar na construção do PPP. Além disso, a articulação entre BNCC e PPP exige um esforço contínuo de adaptação e revisão, para garantir que essas políticas estejam sempre alinhadas com as mudanças sociais e as novas demandas educacionais.

A introdução deste livro busca, portanto, contextualizar e fundamentar a importância da articulação entre BNCC e PPP para a educação brasileira. Ao longo dos capítulos, serão explorados os aspectos conceituais, históricos e práticos dessa articulação, destacando tanto as potencialidades quanto as fragilidades das políticas curriculares adotadas no Brasil. O objetivo é oferecer uma análise crítica e aprofundada, que contribua para a compreensão dos desafios e das possibilidades que se apresentam na implementação dessas políticas nas escolas.

O leitor encontrará, ao longo da obra, uma reflexão fundamentada teoricamente sobre o papel da BNCC e do PPP na promoção de uma educação de qualidade, que seja ao mesmo tempo crítica e factível. A análise proposta busca não apenas identificar os desafios, mas também sugerir caminhos para a superação das dificuldades, promovendo uma articulação necessária entre essas duas políticas curriculares. Ao final, espera-se que esta obra contribua para o fortalecimento da educação brasileira, oferecendo subsídios para gestores, professores e todos os profissionais da educação que se dedicam à construção de uma escola democrática e inclusiva.

BASE NACIONAL COMUM CURRICULAR: ESTRUTURA, DESAFIOS E PERSPECTIVAS[4]

Introdução

A Base Nacional Comum Curricular (BNCC) é um marco complexo na educação brasileira, estabelecendo um conjunto de diretrizes e objetivos que visam padronizar e elevar a qualidade do ensino em todo o país. Homologada via Parecer CNE/CP n.º 15[5], de 15 de dezembro de 2017, e da Resolução CNE/CP n.º 2, de 22 de dezembro de 2017, a BNCC de educação infantil e de ensino fundamental define as aprendizagens essenciais que todos os estudantes devem desenvolver ao longo das etapas e modalidades da educação básica, desde a educação infantil até o ensino médio. Este capítulo tem como objetivo analisar a BNCC a partir de uma perspectiva teórica, histórica e conceitual, proporcionando uma compreensão aprofundada de seus fundamentos, suas implicações e seus desafios.

Para atingir esse objetivo, adotamos uma metodologia baseada em revisão de literatura e pesquisa documental. A revisão de literatura envolve a análise de estudos acadêmicos, artigos e livros que discutem a BNCC, suas origens, influências teóricas e impactos na prática educativa. Essa abordagem permite contextualizar a BNCC dentro de um panorama mais amplo de teorias educacionais e políticas públicas. Para Figueiredo (1990), a revisão de literatura cumpre a função histórica do desenvolvimento científico e também a função de atualização para os profissionais. A pesquisa documental, por sua vez, foca na análise crítica dos documentos oficiais relacionados à BNCC, incluindo suas diferentes versões, marcos legais e diretrizes pedagógicas. Segundo Cellard (2008), a pesquisa documental é fundamental para compreender a estrutura e a função dos documen-

---

[4] Este capítulo contou com a colaboração da Prof.ª M.ª Fernanda Maria Siqueira Tavares.

[5] Naquele ano e por meio do parecer citado, foram aprovadas somente as etapas de educação infantil e ensino fundamental, que são objeto deste livro. A Base de ensino médio foi aprovada por meio da Resolução CNE/CP n.º 4, de 17 de dezembro de 2018.

tos na sociedade, permitindo uma análise detalhada das intenções e dos contextos subjacentes às políticas educacionais.

Historicamente, a BNCC é resultado de um longo processo de construção que envolveu múltiplos atores do campo educacional e diversas fases de consulta pública e revisões. Desde a Constituição Federal de 1988, que estabelece o direito à educação, passando pela Lei de Diretrizes e Bases da Educação Nacional (LDB), de 1996, até os Parâmetros Curriculares Nacionais (PCNs), de 1997, a BNCC representa a culminação de esforços para criar um currículo nacional que responda, segundo seus idealizadores, às necessidades contemporâneas do Brasil. Essa trajetória histórica é marcada por tensões e disputas políticas que refletem diferentes concepções de educação e de papel do Estado na formação dos cidadãos (Saviani, 2016; Lopes; Macedo, 2011).

Em seu discurso, a BNCC fundamenta-se em uma série de princípios teóricos que orientam sua estrutura e objetivos. Entre esses princípios, destacam-se a centralidade das competências e habilidades, a valorização de uma educação integral e a busca pela equidade e qualidade educacional. As competências gerais da BNCC mobilizam conhecimentos, habilidades, atitudes e valores necessários para resolver demandas complexas da vida cotidiana, do exercício da cidadania e do mundo do trabalho. Esse enfoque nas competências está alinhado com as tendências liberais globais em educação, que enfatizam a preparação dos estudantes para um mundo em constante transformação (Brasil, 2018; Silva, 2013).

Contudo, a BNCC não está isenta de críticas. Vários estudiosos apontam que a ênfase nas competências pode levar a uma visão tecnicista e comportamentalista da educação, que reduz o papel da escola à preparação para o mercado de trabalho, em detrimento de uma formação crítica e emancipatória. Além disso, há preocupações sobre a capacidade da BNCC de atender às especificidades regionais e culturais do Brasil, um país marcado por profundas desigualdades sociais e econômicas (Freitas, 2014; Macedo, 2017). Essas críticas destacam a importância de uma implementação cuidadosa e adaptativa da BNCC, que respeite a diversidade e promova a inclusão.

Este capítulo é estruturado para oferecer uma análise abrangente da BNCC, dividida em seções que abordam seus aspectos teóricos, históricos e conceituais. Na primeira seção, discutimos os fundamentos teóricos da BNCC, explorando as influências que moldaram sua concepção. A seguir, traçamos um panorama histórico, destacando os principais marcos legais e documentos que precederam a Base. Por fim, apresentamos uma análise dos conceitos centrais da BNCC, com foco nas competências gerais e específicas para a educação infantil e o ensino fundamental. Ao longo do capítulo, utilizamos citações e referências de estudos acadêmicos para fundamentar nossa análise e oferecer uma visão crítica e informada sobre a BNCC e seu impacto na educação brasileira.

1.1 Aspectos teóricos da BNCC

A Base Nacional Comum Curricular adota como eixo estruturante o desenvolvimento de competências e habilidades essenciais para a formação integral dos estudantes. Essa abordagem é fundamentada na concepção de que a educação deve prepará-los não apenas para o domínio de conteúdos acadêmicos, mas também para a aplicação prática desses conhecimentos em situações diversas da vida cotidiana, no exercício da cidadania e no mundo do trabalho. De acordo com o documento oficial da BNCC, uma competência é entendida como "a mobilização de conhecimentos, habilidades, atitudes e valores para resolver demandas complexas" (Brasil, 2018, p. 9).

O conceito de competência na BNCC está alinhado às tendências liberais globais em educação, que enfatizam a preparação dos educandos para um mundo em constante transformação. A teoria das competências tem suas raízes na pedagogia das competências, desenvolvida por autores como Perrenoud (1999), que argumenta que a educação deve capacitar os estudantes a mobilizar recursos internos e externos para enfrentar desafios e problemas. Essa perspectiva é reforçada pela Organização para a Cooperação e Desenvolvimento Econômico (OCDE), que promove a ideia de que as competências são cruciais para o desenvolvimento pessoal, social e econômico dos indivíduos (OCDE, 2016).

As dez competências gerais da BNCC abrangem diferentes dimensões do desenvolvimento humano, incluindo o pensamento crítico e criativo, a comunicação eficaz, o uso responsável das tecnologias digitais, a empatia e a cooperação, entre outras. Cada uma dessas competências é desdobrada em habilidades específicas que os estudantes devem desenvolver ao longo de sua trajetória escolar. Por exemplo, a competência de pensamento científico, crítico e criativo envolve habilidades como a formulação de hipóteses, a análise de dados, a resolução de problemas e a tomada de decisões informadas (Brasil, 2018, p. 12).

O currículo, no contexto da BNCC, é concebido como um conjunto de experiências planejadas que visam promover o desenvolvimento integral dos discentes. Essa concepção é baseada na ideia de que o currículo deve ser um instrumento para a concretização dos objetivos educacionais, articulando conhecimentos, habilidades, atitudes e valores de forma integrada. Saviani (2016) argumenta que o currículo é a materialização do projeto pedagógico de uma escola, refletindo suas intenções educativas e as demandas sociais e culturais do contexto em que está inserida.

A BNCC adota uma abordagem curricular que privilegia a interdisciplinaridade e a contextualização dos conteúdos. Isso significa que os conhecimentos são apresentados de maneira integrada, relacionando diferentes áreas do saber e conectando-os à realidade dos estudantes. Essa perspectiva curricular é influenciada pelas teorias educacionais progressistas, como a ideia construtivista presente na epistemologia genética de Piaget e o sociointeracionismo como uma vertente da teoria histórico-cultural de Vygotsky, que defendem que a aprendizagem é um processo ativo e contextualizado, mediado pelas interações sociais e pelo ambiente (Piaget, 1972; Vygotsky, 1998).

Além disso, a BNCC enfatiza a importância de um currículo flexível e adaptativo, capaz de responder às necessidades e aos interesses dos estudantes e às particularidades regionais e culturais do Brasil. A flexibilidade curricular é vista como uma estratégia para promover a equidade e a inclusão, garantindo que todos os discentes tenham acesso às mesmas oportunidades de aprendizagem, independentemente de sua origem socioeconômica ou localização geográfica. Essa visão está alinhada aos princípios da educação inclusiva, que buscam garantir o direito à educação de qualidade para todos (Unesco, 2009).

A educação integral é um dos pilares fundamentais da BNCC, refletindo uma visão holística do desenvolvimento humano. A Base propõe uma educação que abranja todas as dimensões do desenvolvimento dos educandos — cognitiva, física, emocional, social e cultural —, promovendo uma formação que vai além do mero acúmulo de conhecimentos. Essa abordagem é inspirada em autores como Edgar Morin, o qual defende a necessidade de uma educação que prepare os indivíduos para a complexidade da vida e da sociedade contemporânea (Morin, 2000).

A perspectiva de educação integral na BNCC está intrinsecamente ligada ao conceito de competências gerais. Cada uma das competências propostas visa desenvolver habilidades que são essenciais para a vida em sociedade, como a capacidade de trabalhar em equipe, de comunicar-se de forma eficaz, de agir com responsabilidade e ética e de cuidar de si mesmo e dos outros. A educação integral, portanto, busca formar cidadãos completos, capazes de contribuir de maneira positiva e ativa para a comunidade e para o mundo (Brasil, 2018).

Um aspecto central da educação integral é a promoção de um ambiente de aprendizagem que favoreça o desenvolvimento integral dos estudantes. Isso inclui a criação de espaços educativos que incentivem sua participação ativa, o desenvolvimento de projetos interdisciplinares, a valorização das experiências culturais e a integração das tecnologias digitais de forma crítica e reflexiva. Dessa forma, a educação integral não se limita ao espaço da sala de aula, mas se estende a toda a escola e à comunidade.

A educação integral também enfatiza a importância da formação continuada dos professores, que são os principais agentes na implementação desse modelo educacional. A BNCC reconhece a necessidade de investir na capacitação docente, proporcionando aos professores as ferramentas e os conhecimentos necessários para promover uma educação que atenda às diversas dimensões do desenvolvimento dos educandos. Essa formação deve incluir o desenvolvimento de competências pedagógicas, didáticas e socioemocionais, que permitam aos professores atuar de forma eficaz e inclusiva (Libâneo, 2013).

Em suma, os aspectos teóricos da BNCC refletem uma visão moderna e abrangente da educação, que busca preparar os estudantes para os desafios do século XXI. Ao focar no desenvolvimento de competências e habilidades, na concepção de um currículo flexível e adaptativo e na promoção de uma educação integral, a Base propõe um modelo educacional que valoriza a formação integral dos estudantes, respeitando suas individualidades e promovendo a equidade e a inclusão. Esses princípios teóricos são fundamentais para entender as diretrizes e os objetivos da BNCC e para avaliar seu impacto na prática educativa e na sociedade brasileira.

1.2 Aspectos históricos da BNCC

A Constituição Federal de 1988, também conhecida como Constituição Cidadã, representa um marco fundamental na história da educação brasileira. Promulgada após o período da ditadura militar, a Constituição de 1988 trouxe uma série de avanços na garantia dos direitos sociais, incluindo o direito à educação. No artigo 205, a Constituição estabelece que "a educação, direito de todos e dever do Estado e da família, será promovida e incentivada com a colaboração da sociedade, visando ao pleno desenvolvimento da pessoa, seu preparo para o exercício da cidadania e sua qualificação para o trabalho" (Brasil, 1988). Esse dispositivo legal é essencial para entender a base jurídica que sustenta a BNCC, que busca assegurar uma formação ampla e integral para todos os estudantes brasileiros.

A Constituição de 1988 também destaca, em seu artigo 210, a necessidade de fixar conteúdos mínimos para o ensino fundamental, de maneira a assegurar uma formação básica comum e respeito aos valores culturais e artísticos, nacionais e regionais. Esse princípio é diretamente refletido na BNCC, que estabelece um conjunto de aprendizagens essenciais que devem ser garantidas em todas as escolas do país. A ideia de uma **base comum**, que visa promover a equidade e a qualidade na educação, é um dos pilares que sustentam a Base, alinhando-se aos preceitos constitucionais de universalização do ensino e respeito à diversidade (Brasil, 1988).

A Lei de Diretrizes e Bases da Educação Nacional (LDB), sancionada em 1996, é outro marco importante na trajetória da educação brasileira e na construção da BNCC. A LDB estabelece as diretrizes gerais para a educação no Brasil, abrangendo desde a educação infantil até o ensino superior. Esse diploma legal reforça o princípio de uma base nacional comum, ao determinar que os currículos do ensino fundamental e médio devem ter uma base nacional comum, complementada por uma parte diversificada, conforme as características regionais e locais da sociedade, da cultura, da economia e da clientela dos diversos níveis e modalidades de ensino (Brasil, 1996).

A LDB de 1996 foi inovadora ao promover a descentralização e a flexibilização dos currículos escolares, permitindo que estados e municípios adaptassem os conteúdos às suas realidades locais. No entanto, essa autonomia também gerou desigualdades na qualidade da educação oferecida em diferentes regiões do país. A BNCC surge como uma resposta a essas desigualdades, propondo um currículo nacional que garanta a todos os estudantes o direito a uma educação de qualidade, independentemente de onde vivam. Dessa forma, a Base complementa e atualiza os princípios estabelecidos pela LDB, buscando harmonizar a necessidade de uma base comum com o respeito à diversidade local (Brasil, 2018).

Os Parâmetros Curriculares Nacionais (PCNs), lançados em 1997, representam um passo significativo na direção de uma educação mais estruturada e coerente em todo o Brasil. Os PCNs foram desenvolvidos como um conjunto de orientações curriculares que visavam nortear a elaboração dos currículos escolares, oferecendo diretrizes claras sobre o que deveria ser ensinado em cada nível de ensino. Esses parâmetros foram importantes para promover uma maior consistência e qualidade na educação, ao mesmo tempo em que respeitavam a autonomia dos estados e municípios para adaptar os conteúdos às suas realidades locais, a despeito de não serem obrigatórios (Brasil, 1997).

Os PCNs introduziram uma abordagem mais integradora e interdisciplinar do currículo, enfatizando a importância de desenvolver competências e habilidades que preparassem os estudantes para enfrentar os desafios da vida em sociedade. Essa perspectiva foi precursora da abordagem adotada pela BNCC, que também valoriza a integração de diferentes áreas do conhecimento e a formação integral dos educandos. Embora os PCNs não fossem obrigatórios, eles serviram como uma base importante para a elaboração da BNCC, que incorporou muitos de seus princípios e objetivos (Brasil, 2018).

O Referencial Curricular Nacional para a Educação Infantil (RCNEI), publicado em 1998, foi um marco na definição de diretrizes específicas para a educação infantil no Brasil. O RCNEI estabeleceu princípios, objetivos e conteúdos que deveriam orientar o trabalho educativo com crianças de zero a seis anos, promovendo uma abordagem pedagógica que valorizasse o desenvolvimento integral e respeitasse as peculiaridades dessa faixa etária. Esse documento foi fundamental para consolidar a ideia de que a educação infantil é uma etapa essencial da educação básica, devendo ser planejada e executada com base em critérios pedagógicos sólidos (Brasil, 1998).

O RCNEI influenciou diretamente a elaboração da BNCC, especialmente na definição dos direitos de aprendizagem e desenvolvimento para a educação infantil. A BNCC incorpora muitos dos princípios e diretrizes do Referencial, reforçando a importância de proporcionar às crianças pequenas experiências educativas que promovam seu desenvolvimento integral em todas as dimensões — física, emocional, cognitiva e social. A continuidade entre o RCNEI e a BNCC assegura que a educação infantil receba a atenção e o cuidado necessários para garantir uma base sólida para a aprendizagem ao longo da vida (Brasil, 2018).

O Plano Nacional de Educação (PNE) 2014-2024, Lei n.º 13.005/2014, estabelece metas e estratégias para a educação brasileira, com o objetivo de garantir a universalização do acesso, a melhoria da qualidade e a redução das desigualdades educacionais. O PNE é um instrumento basilar para a implementação de políticas educacionais que promovam a equidade e a inclusão, refletindo um compromisso nacional com a educação de qualidade para todos. Entre as metas do PNE, destaca-se a necessidade de elaborar e implementar a BNCC, visando assegurar que todos os estudantes tenham acesso a um currículo que promova o desenvolvimento de competências essenciais (Brasil, 2014).

Na Figura 1 consta, de forma sintetizada, o processo de produção da BNCC até a sua homologação.

Figura 1 – Linha do tempo dos acontecimentos relacionados à BNCC

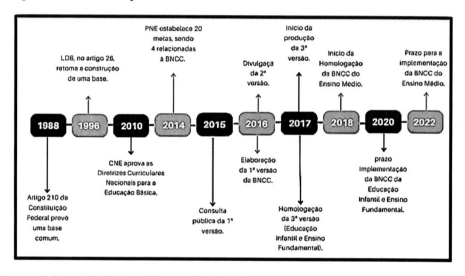

Fonte: adaptado de Oliveira e Lindner (2020)

A BNCC é, portanto, uma resposta direta às diretrizes estabelecidas pelo PNE, que enfatiza a importância de um currículo nacional comum para garantir a equidade na educação. O PNE 2014-2024 reconhece que, para alcançar uma educação de qualidade, é necessário estabelecer parâmetros claros e objetivos para a aprendizagem, que possam ser monitorados e avaliados continuamente. A implementação da BNCC, conforme previsto pelo PNE, é um passo fundamental para alcançar as metas de universalização do ensino e de melhoria da qualidade educacional no Brasil (Brasil, 2018).

A homologação da Base pelo Conselho Nacional de Educação em dezembro de 2017 marcou a conclusão de um processo longo e complexo de construção curricular. Esse processo envolveu ampla consulta pública, revisões e debates que mobilizaram educadores, especialistas, gestores e a sociedade em geral. A versão final da BNCC reflete um esforço coletivo para definir um currículo que responda às necessidades e aos desafios da educação contemporânea, promovendo a formação integral dos estudantes e garantindo o direito à educação de qualidade para todos (Brasil, 2018).

A homologação da BNCC representa um marco complexo na história da educação brasileira, ao estabelecer diretrizes claras e unificadas para o ensino em todo o país. A Base define as aprendizagens essenciais que todos os educandos devem desenvolver ao longo das etapas e modalidades da educação básica, promovendo a equidade e a qualidade na educação. Com a homologação, a Base Nacional passa a ser referência obrigatória, ou seja, é um documento normativo para a elaboração dos currículos das redes de ensino, públicas e privada, orientando o trabalho pedagógico nas escolas e assegurando que todos os estudantes tenham acesso a uma formação ampla e significativa (Brasil, 2018).

A homologação da BNCC também trouxe à tona debates sobre a implementação e os desafios que ela representa. A adaptação dos currículos escolares às diretrizes da Base exige investimentos em formação continuada para os professores, adequação dos materiais didáticos e a criação de condições favoráveis para a aprendizagem em todas as regiões do país. Apesar dos desafios, o documento pode ser visto como uma oportunidade para promover mudanças significativas na educação brasileira, alinhando o ensino às demandas do século XXI e contribuindo para a construção de uma sociedade mais justa e equitativa (Freitas, 2014).

Em suma, a trajetória histórica que culminou na homologação da BNCC em 2017 é marcada por avanços e desafios que refletem a complexidade da educação no Brasil. Desde a Constituição Federal de 1988 até o PNE 2014-2024, passando pela LDB de 1996, os PCNs de 1997 e o RCNEI de 1998, cada um desses marcos contribuiu para a construção de um currículo nacional que busca promover a equidade e a qualidade na educação. A BNCC, como culminação desse processo, em seu discurso, representa um compromisso com a formação integral dos estudantes e com a construção de uma educação que respeite a diversidade e promova a inclusão.

1.3 Conceitos gerais da BNCC

Para ilustrar esta parte do capítulo, é exercício importante assimilar como a BNCC modifica e/ou introduz novas terminologias que passaram a fazer parte tanto do vocabulário docente quanto dos próprios materiais didáticos e pedagógico, inclusive daqueles destinados à formação continuada de professores e gestores. Convém destacar que muitos desses termos já apareciam nos PCNs, no RCNEI e nas DCNs. No Quadro 1, consta as terminologias estruturantes da BNCC e seus significados.

Quadro 1 – Terminologias encontradas na BNCC e seus significados

Termo	Significado
BNCC	Documento <u>normativo</u> que estabelece quais são os conhecimentos essenciais a todo estudante brasileiro na educação básica.
Competências gerais	Descreve o que os estudantes precisam saber e fazer, a fim de garantir a eles o pleno exercício da cidadania e do mundo do trabalho. São os objetivos gerais da educação básica.
Objetivos de aprendizagem e desenvolvimento	Objetivos educacionais da educação infantil, divididos por faixa etária e organizados em campos de experiência. São codificados.
Campos de experiência	Integram as experiências cotidianas da criança e os conhecimentos que fazem parte do nosso patrimônio cultural.
Competências específicas	Competências relacionadas à certa área do conhecimento ou componente curricular específico.
Área do conhecimento	Uma soma de componentes curriculares afins.
Componente curricular	Substitui o conceito de disciplina. Visa a interdisciplinaridade e a contextualização e tem por objetivo a integração do conhecimento.
Habilidades	Subdivisões de uma competência específica. O que se pretende alcançar e se vincula ao objeto do conhecimento. São codificadas.
Objetos do conhecimento	No ensino fundamental, correspondem aos conteúdos, conceitos e processos que devem ser trabalhados, dentro de um componente curricular, em um certo ano escolar.

Termo	Significado
Documentos Curricular para Goiás – Ampliado (DC-GO)	Documento aprovado pelo CEE-GO que traduz as normas da BNCC para a realidade goiana.

Fonte: elaboração própria a partir de Brasil (2018)

A BNCC está estruturada de maneira a garantir a coerência e a progressividade das aprendizagens ao longo da educação básica. Na educação infantil, a Base estrutura-se em objetivos de aprendizagem e desenvolvimento, direitos de aprendizagem, campos de experiências e agrupamentos. No ensino fundamental, a estrutura do documento é organizada em áreas de conhecimento, que são subdivididas em componentes curriculares específicos para cada etapa de ensino. As áreas de conhecimento incluem Linguagens, Matemática, Ciências da Natureza, Ciências Humanas e Ensino Religioso. Essa organização visa assegurar que todos os estudantes tenham acesso a um conjunto comum de aprendizagens essenciais, independentemente de sua localização geográfica ou contexto socioeconômico (Brasil, 2018).

Cada componente curricular na BNCC é detalhado em termos de habilidades, descritores e competências específicas que os educandos devem desenvolver. Essas habilidades estão distribuídas de maneira progressiva, de forma que cada etapa de ensino construa sobre as aprendizagens da etapa anterior, promovendo uma continuidade no desenvolvimento dos estudantes. Além disso, a BNCC inclui objetivos de aprendizagem para a educação infantil e habilidades para o ensino fundamental e o ensino médio, que orientam o planejamento pedagógico e a avaliação do progresso dos discentes ao longo de sua trajetória escolar (Brasil, 2018).

A BNCC também enfatiza a importância da interdisciplinaridade e da contextualização dos conteúdos. Ao integrar diferentes áreas do conhecimento, a BNCC busca promover uma educação mais significativa e conectada à realidade dos estudantes. Essa abordagem interdisciplinar é essencial para o desenvolvimento de competências que permitam a eles compreender e atuar de forma crítica e responsável no mundo contemporâneo. A estrutura da Base, portanto, não é apenas um conjunto de conteúdos, mas uma proposta pedagógica que visa impactar a prática educativa nas escolas brasileiras (Brasil, 2018).

De acordo com a BNCC, competência é definida como a mobilização de conhecimentos, habilidades, atitudes e valores para resolver demandas complexas da vida cotidiana, do exercício da cidadania e do mundo do trabalho. Isso reflete uma mudança de foco da transmissão de conteúdos para o desenvolvimento de capacidades que permitam aos estudantes enfrentarem desafios e resolverem problemas de forma eficaz e ética. A Base coloca as competências no centro do processo educativo, destacando a importância do desenvolvimento integral do estudante, abrangendo dimensões cognitivas, emocionais, sociais e culturais. "A educação deve preparar os estudantes não apenas academicamente, mas também para a vida em sociedade e para o mercado de trabalho" (Brasil, 2018, p. 9).

Inspirada em teóricos como Edgar Morin e Howard Gardner, a BNCC adota uma visão holística da educação, promovendo o desenvolvimento de habilidades cognitivas, socioemocionais e éticas. Segundo Morin (2000), o desenvolvimento integral deve preparar os indivíduos para a complexidade da vida e da sociedade contemporânea. A implementação dessas competências exige mudanças significativas nas práticas pedagógicas, na formação de professores e na organização curricular, ressaltando a necessidade de formação continuada dos docentes para que possam desenvolver metodologias eficazes, pois "as competências gerais e específicas devem preparar os estudantes para o exercício pleno da cidadania e para o mundo do trabalho" (Brasil, 2018, p. 10). Dessa forma, em seu discurso, a BNCC busca transformar a educação brasileira, tornando-a mais inclusiva, equitativa e relevante para os desafios do século XXI.

As **competências gerais** da BNCC representam um conjunto de dez habilidades fundamentais que todos os estudantes devem desenvolver ao longo da educação básica. Essas competências foram definidas com o objetivo de promover o desenvolvimento integral dos educandos, preparando-os para enfrentar os desafios do século XXI. De acordo com a Base, competente é o sujeito capaz de mobilizar os seus conhecimentos e saberes a fim de resolver os seus problemas cotidianos, agindo de forma integrada e interdisciplinar. As competências gerais incluem: 1) Conhecimento; 2) Pensamento científico, crítico e criativo; 3) Repertório cultural; 4) Comunicação; 5) Cultura digital; 6) Trabalho e projeto de vida; 7) Argumentação; 8) Autoconhecimento e autocuidado; 9) Empatia e cooperação; e 10) Responsabilidade e cidadania (Brasil, 2018). Na Figura 2, temos uma ilustração das dez competências gerais.

Figura 2 – Competências gerais da BNCC – educação básica

COMPETÊNCIAS GERAIS DA NOVA BNCC

1. Conhecimento
Valorizar e utilizar os conhecimentos sobre o mundo físico, social, cultural e digital.

2. Pensamento científico, crítico e criativo
Exercitar a curiosidade intelectual e utilizar as ciências com criticidade e criatividade.

3. Repertório cultural
Valorizar as diversas manifestações artísticas e culturais.

4. Comunicação
Utilizar diferentes linguagens.

5. Cultura Digital
Compreender, utilizar e criar tecnologias digitais de forma crítica, significativa e ética.

10. Responsabilidade e Cidadania
Agir pessoal e coletivamente com autonomia, responsabilidade, flexibilidade, resiliência e determinação.

9. Empatia e Cooperação
Exercitar a empatia, o diálogo, a resolução de conflitos e a cooperação.

8. Autoconhecimento e autocuidado
Conhecer-se, compreender-se na diversidade humana e apreciar-se

7. Argumentação
Argumentar com base em fatos, dados e informações confiáveis.

6. Trabalho e Projeto de Vida
Valorizar e apropriar-se de conhecimentos e experiências.

Fonte: Inep (2022)

Cada uma dessas competências gerais abrange um conjunto de habilidades específicas que são essenciais para a formação integral dos estudantes. Por exemplo, a competência de pensamento científico, crítico e criativo envolve habilidades como a capacidade de formular hipóteses, analisar dados, resolver problemas e tomar decisões informadas. Já a competência de comunicação destaca a importância de expressar-se de maneira clara e eficaz em diferentes contextos e utilizando diversos meios, incluindo as tecnologias digitais (Brasil, 2018).

Os **direitos de aprendizagem e desenvolvimento** são um conceito central na BNCC, que visa garantir que todos os estudantes tenham acesso a uma educação de qualidade, que respeite suas necessidades e potencialidades. A Base define direitos de aprendizagem e desenvolvimento para cada etapa da educação básica, assegurando que todos os estudantes, independentemente de suas origens, tenham oportunidades iguais de aprender e se desenvolver plenamente. Esses direitos estão relacionados às competências gerais e específicas que os educandos devem desenvolver ao longo de sua trajetória escolar (Brasil, 2018).

Na educação infantil, os direitos de aprendizagem e desenvolvimento incluem **conviver, brincar, participar, explorar, expressar e conhecer-se**. Esses direitos são fundamentais para o desenvolvimento integral das crianças, proporcionando experiências educativas que promovem seu crescimento físico, emocional, cognitivo e social. A BNCC reconhece que a infância é uma fase crucial para o desenvolvimento humano e, portanto, enfatiza a importância de oferecer um ambiente educativo rico e estimulante, que respeite as peculiaridades dessa faixa etária (Brasil, 2018).

No ensino fundamental, os direitos de aprendizagem e desenvolvimento estão relacionados às **áreas de conhecimento** e às **competências específicas** que os estudantes devem adquirir. A BNCC define objetivos claros para cada ano escolar, garantindo que os estudantes desenvolvam habilidades e conhecimentos essenciais para sua formação acadêmica e pessoal. Esses direitos incluem a capacidade de ler e interpretar textos, resolver problemas matemáticos, compreender fenômenos científicos, apreciar a diversidade cultural e atuar de forma ética e responsável na sociedade (Brasil, 2018).

Os direitos de aprendizagem e desenvolvimento também estão presentes no ensino médio, no qual a BNCC estabelece diretrizes para a formação geral e a preparação para a vida adulta e o mundo do trabalho. A Base busca assegurar que os estudantes do ensino médio desenvolvam competências que lhes permitam continuar aprendendo ao longo da vida, tomar decisões informadas sobre suas carreiras e participar de forma ativa e responsável na sociedade. Esses direitos refletem a visão de uma educação inclusiva e equitativa, que promove o desenvolvimento integral dos estudantes e prepara-os para os desafios do século XXI (Brasil, 2018).

Em suma, a BNCC, ao definir competências gerais e direitos de aprendizagem e desenvolvimento, estabelece um marco fundamental para a educação no Brasil. Esses conceitos visam garantir uma educação de qualidade para todos, promovendo a equidade e a inclusão e preparando os estudantes para enfrentar os desafios de um mundo em constante transformação. A BNCC, portanto, representa um compromisso, em que pesem seus limites e contradições, com a construção de uma sociedade mais justa e equitativa, na qual todos os indivíduos tenham oportunidades iguais de aprender, crescer e se desenvolver plenamente (Brasil, 2018).

1.4 BNCC da educação infantil

Na BNCC para a educação infantil, os eixos estruturantes **interações e brincadeiras** são fundamentais para a promoção do desenvolvimento integral das crianças, uma referência já apresentada nos RCNEIs.

Figura 3 – Eixos estruturantes da educação infantil – BNCC

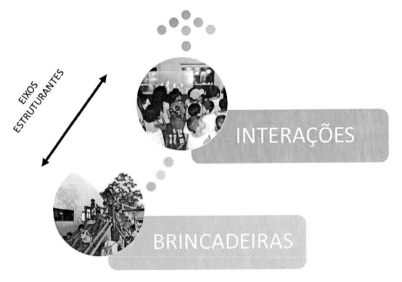

Fonte: Rosy (2019)

As interações, compreendidas como a dinâmica de troca entre crianças, educadores e o ambiente, são essenciais para a construção de conhecimentos e habilidades sociais, emocionais e cognitivas. Vygotsky (1998) destaca a importância das interações sociais no desenvolvimento infantil, argumentando que o aprendizado ocorre primeiramente no nível social, para depois internalizar-se no nível individual. Dessa forma, as práticas pedagógicas na educação infantil devem favorecer um ambiente rico em interações significativas, nas quais as crianças possam expressar suas ideias, sentimentos e curiosidades e, ao mesmo tempo, aprender a respeitar e considerar os pontos de vista dos outros.

As brincadeiras, por sua vez, são reconhecidas pela BNCC como um meio privilegiado de aprendizagem e desenvolvimento na primeira infância. Piaget (1972) define a brincadeira como uma atividade espontânea e voluntária, fundamental para o desenvolvimento cognitivo, emocional e social das crianças. Por meio das brincadeiras, as crianças exploram o mundo à sua volta, experimentam diferentes papéis sociais, resolvem problemas e expressam suas emoções e criatividade. Além disso, as brincadeiras promovem a aprendizagem de forma lúdica e prazerosa, tornando o processo educativo mais eficaz e engajador. A BNCC enfatiza que as brincadeiras devem ser planejadas e mediadas pelos educadores, de modo a potencializar as oportunidades de aprendizagem e desenvolvimento, respeitando os interesses e necessidades individuais das crianças (Brasil, 2018). Portanto, a integração dos eixos de interações e brincadeiras na educação infantil constitui-se como uma estratégia pedagógica essencial para assegurar uma formação integral e significativa para as crianças.

A BNCC estabelece um conjunto de seis **direitos de aprendizagem e desenvolvimento** para a educação infantil, que são fundamentais para garantir uma formação integral e inclusiva desde os primeiros anos de vida. Esses direitos estão centrados em seis eixos principais: **conviver, brincar, participar, explorar, expressar e conhecer-se.** Cada um desses direitos é essencial para promover o desenvolvimento integral das crianças, abrangendo as dimensões física, emocional, social e cognitiva (Brasil, 2018).

Figura 4 – Seis Direitos de Aprendizagem e Desenvolvimento – educação infantil na BNCC

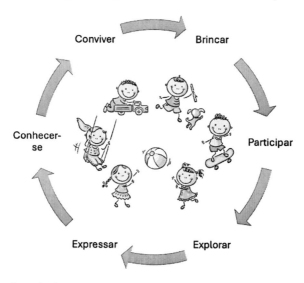

Fonte: elaboração própria

Conviver refere-se ao direito das crianças de interagir e estabelecer relações com outras crianças e adultos, aprendendo a respeitar as diferenças e a desenvolver habilidades sociais. **Brincar** é um direito fundamental, pois é por meio do jogo e das atividades lúdicas que as crianças exploram o mundo ao seu redor, desenvolvem a criatividade e aprendem de forma prazerosa. **Participar** envolve a garantia de que as crianças possam expressar suas opiniões e serem ouvidas em situações que afetam sua vida cotidiana (Brasil, 2018).

Explorar está relacionado ao estímulo à curiosidade natural das crianças, incentivando-as a investigar e descobrir o mundo ao seu redor por meio de atividades sensoriais e experimentação. **Expressar** implica na valorização das diversas formas de comunicação das crianças, seja por meio da linguagem verbal, corporal, artística ou digital. **Conhecer-se** é o direito das crianças de desenvolver uma compreensão de si mesmas, reconhecendo suas emoções, habilidades e identidade, o que é crucial para a construção da autoestima e autonomia (Brasil, 2018).

Os **campos de experiências** na educação infantil, definidos pela BNCC, são cinco áreas integradoras que orientam as práticas pedagógicas e promovem o desenvolvimento integral das crianças. Esses campos de experiências são: **O Eu, o Outro e o Nós; Corpo, Gestos e Movimentos; Traços, Sons, Cores e Formas; Escuta, Fala, Pensamento e Imaginação; e, Espaços, Tempos, Quantidades, Relações e Transformações.** Cada um desses campos proporciona um contexto rico e diversificado para a aprendizagem, permitindo a integração de diferentes áreas do conhecimento e promovendo a interdisciplinaridade (Brasil, 2018).

Figura 5 – Campos de Experiência – educação infantil na BNCC

Fonte: Os campos [...], [2020]

O Eu, o Outro e o Nós

O campo de experiências **O Eu, o Outro e o Nós** enfoca o desenvolvimento da identidade pessoal e social das crianças. Esse campo promove a compreensão de si mesmas e das relações que estabelecem com os outros, incentivando a construção de vínculos afetivos e o respeito às diferenças. As atividades planejadas nesse campo devem favorecer a interação social e a cooperação, ajudando as crianças a desenvolverem habilidades como a empatia, a resolução de conflitos e a colaboração (Brasil, 2018).

Por exemplo, projetos que envolvem atividades em grupo, como brincadeiras cooperativas, dramatizações e discussões sobre temas como família, amizade e diversidade, são fundamentais para que as crianças compreendam e valorizem as diferentes perspectivas e culturas. Esses projetos devem ser planejados de forma interdisciplinar, integrando aspectos da linguagem, da educação física, das artes e da educação moral e ética.

Corpo, Gestos e Movimentos

O campo **Corpo, Gestos e Movimentos** valoriza o desenvolvimento físico e motor das crianças. Atividades que envolvem o movimento são essenciais para a saúde e bem-estar, além de promoverem a coordenação motora, o equilíbrio e a percepção espacial. Esse campo de experiências incentiva as crianças a explorarem suas capacidades corporais por meio de jogos, danças, brincadeiras e atividades físicas variadas (Brasil, 2018).

A interdisciplinaridade pode ser promovida neste campo por meio de projetos que integrem música, dança, educação física e artes visuais. Por exemplo, um projeto sobre ritmos e danças regionais pode envolver a exploração de diferentes estilos musicais, a criação de coreografias, o estudo das tradições culturais e a confecção de figurinos e adereços. Essas atividades não só desenvolvem as habilidades motoras, mas também enriquecem o repertório cultural e artístico das crianças.

Traços, Sons, Cores e Formas

O campo **Traços, Sons, Cores e Formas** explora a expressão artística e estética das crianças. Esse campo incentiva o desenvolvimento da criatividade e da sensibilidade por meio de atividades que envolvem desenho, pintura, escultura, música e outras formas de arte. Utilizando a exploração dos diferentes materiais e técnicas, as crianças aprendem a expressar suas emoções e ideias de maneira criativa e original (Brasil, 2018).

Projetos interdisciplinares nesse campo podem incluir a integração das artes visuais com a literatura e a música. Por exemplo, um projeto sobre contos de fadas pode envolver a leitura de histórias, a criação de ilustrações, a dramatização de cenas e a composição de músicas inspiradas nos personagens e enredos. Essas atividades não apenas desenvolvem as habilidades artísticas das crianças, mas também enriquecem sua imaginação e criatividade, promovendo um aprendizado mais significativo e envolvente (Gardner, 1995).

Escuta, Fala, Pensamento e Imaginação

O campo **Escuta, Fala, Pensamento e Imaginação** destaca a importância da linguagem e da comunicação no desenvolvimento das crianças.

Esse campo envolve a promoção da leitura, da escrita, da oralidade e da escuta ativa, incentivando as crianças a expressarem suas ideias e a compreenderem as dos outros. Por meio de atividades como contação de histórias, rodas de conversa, dramatizações e jogos de palavras, as crianças desenvolvem suas habilidades linguísticas e cognitivas (Brasil, 2018).

A interdisciplinaridade neste campo pode ser promovida utilizando-se de projetos que integrem a linguagem com outras áreas do conhecimento. Por exemplo, um projeto sobre os diferentes meios de comunicação pode incluir a exploração de jornais, revistas, livros, televisão e internet, além de incentivar as crianças a produzirem seus próprios materiais de comunicação, como jornais murais, programas de rádio ou vídeos. Essas atividades ajudam as crianças a compreenderem a importância da comunicação na sociedade e a desenvolverem suas habilidades linguísticas de maneira prática e contextualizada (Vygotsky, 1998).

Espaços, Tempos, Quantidades, Relações e Transformações

O campo **Espaços, Tempos, Quantidades, Relações e Transformações** aborda o desenvolvimento das habilidades matemáticas e científicas das crianças. Esse campo incentiva a exploração de conceitos como número, forma, medida, espaço e tempo, por meio de atividades que envolvem a observação, a experimentação e a resolução de problemas. As crianças são incentivadas a investigar o mundo ao seu redor, formulando hipóteses, coletando dados e realizando experimentos (Brasil, 2018).

Projetos interdisciplinares nesse campo podem integrar a matemática com as ciências naturais e sociais. Por exemplo, um projeto sobre o ciclo da água pode envolver a observação do clima, a medição da chuva, a construção de modelos de ciclo da água e a discussão sobre a importância da água para os seres vivos. Essas atividades ajudam as crianças a desenvolverem suas habilidades matemáticas e científicas de maneira prática e contextualizada, promovendo um aprendizado mais significativo e envolvente (Piaget, 1972).

No contexto dos Campos de Experiência, é muito importante ressalvar que eles não são disciplinas/matérias/componentes no sentido fragmentado que impera no ensino fundamental e no ensino médio. Gestores e professores precisam ficar atentos em supostas "soluções pedagógicas" que tratam os Campos de forma isolada, sendo necessário o desenvolvimento de propostas ou projetos interdisciplinares que deem conta da perspectiva que eles abordam.

Na BNCC da educação infantil, os campos de experiências são estruturados em **objetivos de aprendizagem e desenvolvimento**. A distinção e a complementaridade entre aprendizagem e desenvolvimento são temas centrais nas teorias de Piaget e Vygotsky, oferecendo perspectivas distintas que se complementam na compreensão do desenvolvimento infantil. Para Piaget, o desenvolvimento é visto como um processo natural de construção do conhecimento, onde a criança passa por estágios específicos que determinam sua capacidade de aprender. Ele afirma que "o desenvolvimento cognitivo é um processo de reorganização progressiva de processos mentais resultante da maturação biológica e da experiência ambiental" (Piaget, 1973, p. 89). Nesse sentido, a aprendizagem é dependente do estágio de desenvolvimento da criança, uma vez que, somente quando a criança atinge um determinado nível de desenvolvimento, ela é capaz de aprender novos conceitos e habilidades. A perspectiva de Piaget sublinha que a aprendizagem é um processo ativo, no qual a criança interage com o ambiente e, por meio da assimilação e acomodação, constrói novas estruturas cognitivas.

Por outro lado, Vygotsky propõe que a aprendizagem antecede o desenvolvimento, argumentando que "o aprendizado desperta uma série de processos internos de desenvolvimento que são capazes de operar somente quando a criança interage com pessoas no seu ambiente e com seus pares" (Vygotsky, 1998, p. 78). Para Vygotsky, o desenvolvimento cognitivo é intrinsecamente ligado ao contexto social e cultural, sendo a aprendizagem mediada pelas interações sociais e pela linguagem. A Zona de Desenvolvimento Proximal (ZDP), um conceito central em sua teoria, ilustra como a aprendizagem guiada por um adulto ou por um par mais experiente pode levar ao desenvolvimento de habilidades que ainda não estão plenamente consolidadas na criança. Assim, enquanto Piaget enfatiza a maturação biológica e os estágios cognitivos como base para a aprendizagem, Vygotsky destaca o papel fundamental das interações sociais e culturais, sugerindo que "o aprendizado impulsiona o desenvolvimento" (Vygotsky, 1998, p. 84). Ambos os teóricos concordam que a aprendizagem e o desenvolvimento são processos interligados, mas oferecem diferentes ênfases sobre como essa relação se manifesta e se organiza. A compreensão desses dois conceitos, em suas diferenças e complementaridades, é crucial para a formulação de práticas pedagógicas eficazes na educação infantil, conforme preconizado pela BNCC.

Os objetivos de aprendizagem e desenvolvimento na Base Nacional Comum Curricular são descritos como diretrizes fundamentais que orientam o planejamento pedagógico na educação infantil. Eles são formulados de modo a garantir que as práticas educativas promovam o desenvolvimento integral das crianças, contemplando os aspectos cognitivo, físico, social, emocional e cultural. A BNCC estabelece que esses objetivos são norteados pelos direitos de aprendizagem e pelos campos de experiência, sendo articulados em torno de eixos estruturantes, como a interação e a brincadeira, que visam promover o desenvolvimento das competências essenciais para essa etapa educativa. Dessa forma, os objetivos de aprendizagem e desenvolvimento visam assegurar que as crianças, ao longo de sua trajetória na educação infantil, possam vivenciar experiências que favoreçam o desenvolvimento de suas capacidades em contextos significativos e desafiadores.

A codificação dos objetivos de aprendizagem e desenvolvimento é um processo que organiza e sistematiza esses objetivos, facilitando sua aplicação no contexto pedagógico. Cada objetivo é codificado de acordo com o campo de experiência ao qual está relacionado, seguido pelo segmento etário correspondente e pelo número de ordem do objetivo. Por exemplo, um objetivo relacionado ao campo de experiência "O Eu, o Outro e o Nós" para crianças de três anos pode ser codificado como EI03EO01, onde "EI" indica educação infantil, "03" refere-se à faixa etária, "EO" ao campo de experiência, e "01" ao número do objetivo dentro dessa categoria. Essa codificação permite uma organização clara e uma fácil referência para os educadores, garantindo que o planejamento pedagógico esteja alinhado aos objetivos estabelecidos pela BNCC e que as práticas educativas sejam direcionadas de maneira estruturada e intencional para promover o desenvolvimento integral das crianças. Veja um exemplo:

Figura 6 – Codificação dos objetivos de aprendizagem e desenvolvimento na educação infantil

Fonte: Gonçalves e Carvalho (2021)

Pode-se ler o código da Figura 6 da seguinte forma: "EI02TS01" se refere ao primeiro objetivo de aprendizagem e desenvolvimento relacionado ao campo de experiência "Traços, sons, cores e formas" para crianças bem pequenas (1 ano e 7 meses a 3 anos e 11 meses) na educação infantil. Essa codificação facilita a identificação e organização dos objetivos, permitindo uma aplicação prática e consistente no planejamento pedagógico.

Outra reestruturação feita pela BNCC refere-se à enturmação das crianças de zero a cinco anos estruturada em três agrupamentos por faixa etária: bebês, crianças bem pequenas e crianças pequenas.

Quadro 2 – Agrupamentos por faixa etária – educação infantil na BNCC

CRECHE		PRÉ-ESCOLA
Bebês (zero a 1 ano e 6 meses)	Crianças bem pequenas (1 ano e 7 meses a 3 anos e 11 meses)	Crianças pequenas (4 anos a 5 anos e 11 meses)

Fonte: adaptado de Brasil (2018)

Os **bebês**, compreendidos na faixa etária de zero a um ano e seis meses, são vistos como seres em pleno desenvolvimento físico, emocional e cognitivo, necessitando de um ambiente que promova a segurança afetiva e a exploração sensorial. Nessa fase, a BNCC enfatiza a importância de práticas pedagógicas que favoreçam o desenvolvimento motor e a formação de vínculos afetivos, considerando que "os bebês se comunicam e aprendem por meio de interações com o meio e as pessoas ao seu redor" (Brasil, 2018, p. 38). As práticas devem ser flexíveis e adaptáveis, respeitando o ritmo individual de cada criança, promovendo a autonomia e a expressão de sentimentos. Segundo Wallon (2007), o desenvolvimento infantil nessa etapa é marcado por uma intensa necessidade de afeto e contato físico, o que fundamenta a importância de um cuidado individualizado e sensível às necessidades dos bebês.

Para as **crianças bem pequenas**, de um ano e sete meses a três anos e onze meses, a BNCC destaca a importância de experiências que ampliem as capacidades de expressão, interação e socialização. Esse grupo etário requer ambientes ricos em estímulos que incentivem a curiosidade, a investigação e a linguagem verbal. As crianças bem pequenas estão em uma fase crucial de desenvolvimento da linguagem e do pensamento simbólico, o que exige práticas pedagógicas que integrem brincadeiras, narrativas e jogos simbólicos como formas privilegiadas de aprendizagem. A BNCC propõe que os educadores atuem como mediadores, promovendo a interação entre as crianças e facilitando o acesso a diferentes linguagens e culturas. Vygotsky (1998, p. 85) argumenta que "o desenvolvimento cognitivo das crianças é intensamente influenciado pelas interações sociais", reforçando a necessidade de ambientes que promovam a cooperação e a comunicação.

Já as **crianças pequenas**, de quatro a cinco anos e onze meses, vivenciam um aprofundamento no processo de socialização e na compreensão de normas e regras sociais. Nesse estágio, as práticas educativas devem fomentar a autonomia, a cooperação e a resolução de conflitos, preparando as crianças para a transição para o ensino fundamental. A BNCC preconiza uma abordagem pedagógica que valorize o protagonismo infantil, oferecendo oportunidades para que as crianças expressem suas opiniões, façam escolhas e participem ativamente na construção do conhecimento.

A articulação entre as diferentes faixas etárias da educação infantil proposta pela BNCC visa garantir a continuidade e a coerência das práticas pedagógicas, respeitando as especificidades de cada etapa do desenvolvimento infantil. A fundamentação teórica que sustenta essas diretrizes inclui as contribuições de autores como Vygotsky e Piaget, que destacam a importância das interações sociais e das experiências concretas para o desenvolvimento cognitivo e emocional das crianças. Vygotsky (1998, p. 47) enfatiza que "a aprendizagem é um processo social e culturalmente situado", o que justifica a ênfase da BNCC na mediação e na interação social. Assim, a BNCC propõe um currículo integrado e diversificado, que considera o desenvolvimento integral da criança, contemplando aspectos físicos, emocionais, cognitivos e sociais, e reconhecendo a criança como protagonista do seu processo de aprendizagem. A Figura 7 ilustra esse arranjo entre direitos de aprendizagem, campos de experiências e agrupamentos.

Figura 7 – Interligação dos conceitos na BNCC da educação infantil

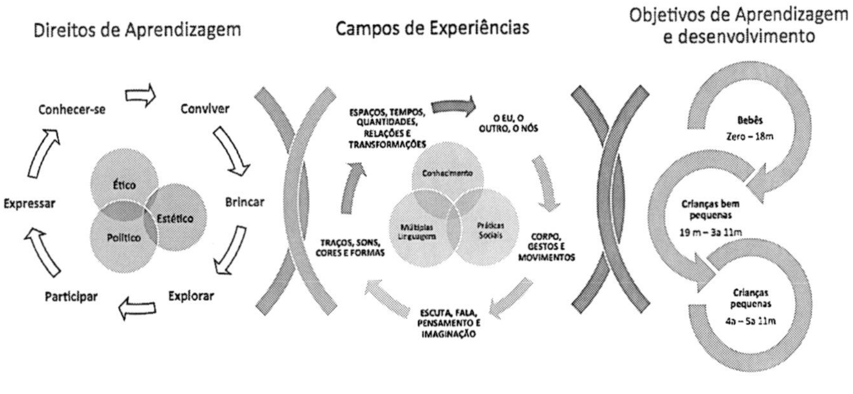

Fonte: Clímaco (2018)

Em síntese, a BNCC da educação infantil, ao definir direitos de aprendizagem e desenvolvimento e ao organizar o currículo em campos de experiências, propõe a promoção de uma educação integral e interdisciplinar. Os cinco campos de experiências são fundamentais para o desenvolvimento das crianças, proporcionando um ambiente de aprendizagem rico e diversificado. A integração de diferentes áreas do conhecimento e a promoção de projetos interdisciplinares são essenciais para garantir que as crianças tenham uma formação completa e significativa, preparando-as para os desafios futuros (Brasil, 2018).

1.5 BNCC do ensino fundamental

A BNCC para o ensino fundamental é organizada de forma a garantir a continuidade e a progressividade das aprendizagens iniciadas na educação infantil, promovendo uma formação integral dos estudantes ao longo dessa etapa escolar. O ensino fundamental é dividido em dois ciclos: os **anos iniciais** (1º ao 5º ano) e os **anos finais** (6º ao 9º ano), cada um com objetivos específicos que visam atender às necessidades de desenvolvimento cognitivo, emocional e social dos estudantes (Brasil, 2018). Além de se apropriar de terminologias que foram apresentadas nos PCNs e nas Diretrizes Curriculares para a Educação Básica, aprovadas em 2010 pelo Conselho Nacional de Educação, a Base incorporou novos termos e ressignificou outros, conforme consta na Figura 8.

Figura 8 – Conceitos e termos centrais da BNCC de ensino fundamental

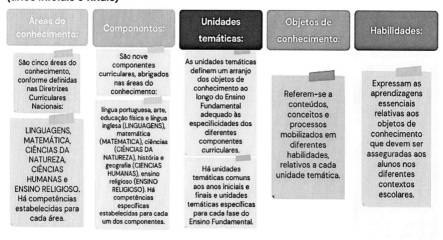

Fonte: Entenda [...], (2020)

A estrutura da BNCC para o ensino fundamental é delineada por **áreas do conhecimento**, que são desdobradas em componentes curriculares específicos. Cada componente curricular define habilidades que os estudantes devem desenvolver em cada ano escolar, promovendo uma construção gradual e contínua do conhecimento. Além disso, a BNCC enfatiza a interdisciplinaridade, incentivando a integração dos conteúdos de diferentes áreas do conhecimento para promover uma aprendizagem mais significativa e contextualizada (Brasil, 2018). No Quadro 3, a organização das áreas de conhecimento fica mais bem ilustrada.

Quadro 3 – Organização da BNCC do ensino fundamental em áreas do conhecimento

AREA DO CONHECIMENTO	ANOS INICIAIS (1º ao 5º ano)	ANOS FINAIS (6º ao 9º ano)
Linguagens	Língua Portuguesa	
	Arte	
	Educação Física	
	Língua Inglesa	
Matemática	Matemática	
Ciências da Natureza	Ciências	
Ciências Humanas	Geografia	
	História	
Ensino Religioso	Ensino Religioso	

Fonte: adaptado de Infográficos (2019)

A partir da organização das áreas de conhecimento, são definidas as **habilidades** específicas de cada componente curricular. No contexto da BNCC, as habilidades são definidas como capacidades específicas que os estudantes devem desenvolver ao longo de sua trajetória escolar, visando à aplicação do conhecimento em situações diversas e à resolução de problemas complexos. Elas são expressas como ações que os estudantes devem ser capazes de realizar ao final de cada etapa de ensino, integrando conhecimentos, atitudes e valores de maneira crítica e reflexiva. Segundo a BNCC, "as habilidades explicitam o que os estudantes precisam aprender, relacionando os conhecimentos a serem mobilizados em contextos específicos" (Brasil, 2018, p. 10). Essas habilidades são organizadas por áreas do conhecimento e componentes curriculares, refletindo a intencionalidade pedagógica e a coerência necessária para o desenvolvimento integral dos estudantes. Ao direcionar o ensino para o desenvolvimento de habilidades, a Base Nacional assegura que a educação não seja limitada à transmissão de conteúdos, mas que envolva também a formação de cidadãos críticos e atuantes na sociedade.

A codificação das habilidades no ensino fundamental, assim como na educação infantil, segue uma lógica que facilita a organização e o planejamento pedagógico, garantindo que os objetivos educacionais sejam claramente definidos e monitorados. Cada habilidade é codificada de acordo com o componente curricular, a etapa de ensino e o número sequencial, permitindo uma referência rápida e precisa. Por exemplo, a habilidade EF05LP01 refere-se ao componente curricular de língua portuguesa (LP), no 5º ano do ensino fundamental (EF), e é a primeira habilidade listada para essa combinação. Essa sistematização possibilita que os educadores planejem suas práticas pedagógicas de forma estruturada e alinhada com os objetivos da BNCC, assegurando uma progressão adequada das aprendizagens. Como Vygotsky (1998, p. 79) destaca, "a aprendizagem promove o desenvolvimento, ou seja, desencadeia e sustenta processos que, de outra forma, não ocorreriam". Dessa forma, as habilidades codificadas na BNCC são destacadas para orientar o processo de ensino-aprendizagem, proporcionando um caminho claro para que os estudantes desenvolvam as competências necessárias para sua formação integral. Na Figura 9, temos um exemplo de codificação de habilidades na BNCC de ensino fundamental.

Figura 9 – Codificação de habilidades na BNCC de ensino fundamental

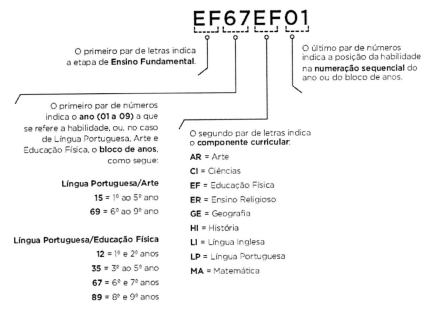

Fonte: Gonçalves e Carvalho (2021)

No exemplo da Figura 9, temos: "EF67EF01" representa a primeira habilidade de educação física prevista para os alunos do 6º e 7º anos do ensino fundamental. Essa codificação permite que educadores e gestores identifiquem de maneira rápida e eficiente as habilidades que precisam ser desenvolvidas em cada etapa do processo educativo, facilitando o planejamento pedagógico alinhado à BNCC.

Mas como as habilidades estão estruturadas? Como fazer sua leitura e análise? De acordo com a Base, as habilidades seguem um padrão estrutural de redação e são formadas na seguinte sequência lógica: **verbo do processo cognitivo** + **objeto do conhecimento** (complemento do verbo) + **modificador** (contexto e/ou maior especificação da aprendizagem esperada). No Quadro 4, temos a exemplificação desse desdobramento com alguns exemplos.

Quadro 4 – Estrutura de uma habilidade com exemplos

Habilidade	Verbo/processo cognitivo	Objeto do conhecimento	Modificador
(EF07CI07-A) Identificar as características do Cerrado, destacando seu predomínio em Goiás e seu potencial hídrico.	Identificar	as características do Cerrado	Destacando seu predomínio em Goiás e seu potencial hídrico
(EF06MA15-A) Resolver problemas que envolvam adição e subtração de frações com denominadores diferentes.	Resolver	problemas que envolvam adição e subtração de frações	com denominadores diferentes.
(GO-EF15LP26) Conhecer e utilizar, com a ajuda do professor, ferramentas digitais, para editar e publicar os textos produzidos, explorando os recursos multissemióticos disponíveis: som, imagens, gifs.	Conhecer e utilizar,	ferramentas digitais, para editar e publicar os textos produzidos	... com a ajuda do professor... explorando os recursos multissemióticos disponíveis: som, imagens, gifs.

Fonte: elaboração própria a partir de Brasil (2018)

Um aspecto importante a respeito das habilidades trata-se da sua progressividade no decorrer do ensino fundamental. A **progressividade das aprendizagens** é um princípio central da BNCC para o ensino fundamental, pois as habilidades definidas para cada ano escolar são organizadas de forma a garantir que os estudantes construam conhecimentos sólidos e interconectados, capazes de aplicá-los em diferentes contextos e situações da vida cotidiana. Esse enfoque busca não apenas o domínio dos conteúdos acadêmicos, mas também o desenvolvimento de competências que são essenciais para o exercício da cidadania e para a preparação para o mundo do trabalho (Brasil, 2018). A Base Nacional Comum Curricular estabelece diretrizes claras para o desenvolvimento das habilidades no ensino fundamental, utilizando duas principais abordagens de progressão: a **horizontal** e a **vertical**. Ambas são fundamentais para garantir a continuidade e a coerência no processo de aprendizagem dos estudantes ao longo dos anos escolares.

A **progressão horizontal** refere-se à maneira como as habilidades são desenvolvidas e consolidadas dentro de um mesmo ano escolar. Segundo a BNCC, "as habilidades devem ser trabalhadas de forma integrada, permitindo ao aluno construir conhecimento de maneira ampla e contextualizada" (Brasil, 2018). Isso significa que, dentro de um ano letivo, as diferentes áreas do conhecimento são abordadas de forma a complementar-se, proporcionando ao estudante uma visão mais holística e interligada dos conteúdos. Por exemplo, um discente do 5º ano que aprende sobre frações em matemática pode aplicar esse conhecimento em ciências ao analisar proporções em experimentos simples.

Por outro lado, a **progressão vertical** refere-se ao desenvolvimento das habilidades ao longo dos anos escolares, do 1º ao 9º ano do ensino fundamental. Essa abordagem é importante para garantir que os estudantes avancem em complexidade e profundidade nos temas estudados. Como indicado na BNCC, "cada habilidade é estruturada para ser expandida e aprofundada gradualmente, respeitando as etapas de desenvolvimento cognitivo e emocional dos alunos" (Brasil, 2018). Por exemplo, a habilidade de leitura crítica de textos, iniciada com narrativas simples no 1º ano, evolui para a interpretação de textos mais complexos e argumentativos no 9º ano. Essa progressão gradual assegura que os estudantes não apenas adquiram novos conhecimentos, mas também consolidem e ampliem suas competências ao longo dos anos escolares.

Na Figura 10, consta uma ilustração de como se dão as progressões vertical e horizontal:

Figura 10 – Exemplificação das progressões das habilidades na BNCC

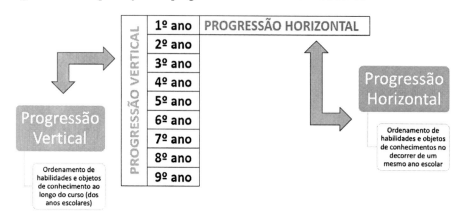

Fonte: elaboração própria a partir de Brasil (2018)

Com esse desenho, a BNCC estabelece uma estrutura clara para a progressão das habilidades no ensino fundamental, por meio de uma abordagem horizontal que integra conteúdos dentro de cada ano escolar e uma abordagem vertical que garante o desenvolvimento contínuo e aprofundado ao longo dos anos. Esse duplo enfoque é basilar para preparar os estudantes de forma abrangente e consistente, garantindo uma educação de qualidade e alinhada às demandas contemporâneas.

Áreas do conhecimento

a. Linguagens: língua portuguesa, artes, educação física e língua inglesa

A área de Linguagens abrange os componentes curriculares de língua portuguesa, arte, educação física e língua inglesa, cada um com objetivos específicos que visam desenvolver habilidades de comunicação, expressão e compreensão em diferentes contextos. A língua portuguesa é fundamental para o desenvolvimento da competência leitora e escritora, promovendo a capacidade dos estudantes de interpretar e produzir textos variados (Brasil, 2018).

A arte, por sua vez, envolve a expressão e a apreciação artística, incentivando a criatividade e a sensibilidade estética dos educandos. A educação física promove o desenvolvimento físico e motor, além de contribuir para a formação de hábitos de vida saudáveis e para o desenvolvimento de habilidades sociais, como o trabalho em equipe e o respeito às regras. A língua inglesa, introduzida nos anos iniciais do ensino fundamental, visa ampliar as competências comunicativas dos estudantes, preparando-os para interagir em um mundo globalizado (Brasil, 2018).

b. Matemática

A área de Matemática é estruturada para desenvolver o raciocínio lógico e a capacidade de resolver problemas. O ensino de matemática busca proporcionar aos discentes a compreensão dos conceitos matemáticos fundamentais e a aplicação desses conhecimentos em situações práticas. A BNCC destaca a importância de promover uma aprendizagem que vá além da memorização de fórmulas e procedimentos, incentivando a construção de um entendimento profundo e crítico dos conceitos matemáticos (Brasil, 2018).

A progressividade na área de Matemática é garantida pela definição de habilidades específicas para cada ano escolar, que incluem desde a compreensão dos números e operações básicas até a resolução de problemas complexos envolvendo álgebra, geometria e estatística. Essa abordagem visa preparar os estudantes para utilizar a matemática de forma eficaz em suas vidas pessoais, acadêmicas e profissionais (Brasil, 2018).

c. Ciências da Natureza

A área de Ciências da Natureza abrange os componentes curriculares de ciências nos anos iniciais e finais do ensino fundamental. O objetivo é promover a compreensão dos fenômenos naturais e dos princípios científicos que explicam o mundo ao nosso redor. A BNCC incentiva uma abordagem investigativa do ensino de ciências, por meio do qual os educandos são estimulados a formular perguntas, realizar experimentos e interpretar dados (Brasil, 2018).

Essa área do conhecimento é relevante para desenvolver o pensamento crítico e a capacidade de tomar decisões informadas sobre questões relacionadas ao meio ambiente, à saúde e à tecnologia. A interdisciplinaridade é uma característica importante do ensino de ciências, que se conecta com outras áreas do conhecimento, como a matemática e a geografia, para promover uma compreensão mais abrangente e integrada dos fenômenos estudados (Brasil, 2018).

d. Ciências Humanas: geografia e história

A área de Ciências Humanas inclui os componentes curriculares de geografia e história, cada um com um papel específico na formação integral dos estudantes. A geografia busca desenvolver a compreensão do espaço geográfico e das interações entre a sociedade e o meio ambiente, promovendo uma consciência crítica sobre as questões ambientais e territoriais (Brasil, 2018).

A história, por sua vez, visa proporcionar aos estudantes um entendimento das dinâmicas sociais e culturais ao longo do tempo, ajudando-os a compreender o passado para interpretar o presente e projetar o futuro (Brasil, 2018).

e. Ensino Religioso

O ensino religioso, conforme definido pela BNCC, tem como objetivo promover o respeito à diversidade religiosa e a compreensão das diferentes tradições religiosas e suas contribuições para a cultura e a sociedade. Esse componente curricular busca desenvolver nos estudantes uma atitude de respeito e diálogo inter-religioso, contribuindo para a formação de uma sociedade mais tolerante e inclusiva (Brasil, 2018).

O ensino religioso é oferecido de forma não-confessional, respeitando a laicidade do Estado e a diversidade de crenças presentes na sociedade brasileira. A BNCC orienta que esse componente curricular seja desenvolvido a partir de uma perspectiva interdisciplinar, integrando conhecimentos das áreas de Ciências Humanas e Linguagens, para proporcionar uma formação integral e contextualizada (Brasil, 2018).

Competências específicas por área

As **competências específicas por área do conhecimento** na BNCC são definidas de maneira a garantir que os estudantes desenvolvam habilidades e conhecimentos fundamentais em cada campo de estudo. Essas competências estão alinhadas com as competências gerais da BNCC e visam promover o desenvolvimento integral dos educandos, preparando-os para enfrentar os desafios do mundo contemporâneo (Brasil, 2018).

Na área de Linguagens, por exemplo, as competências específicas incluem a capacidade de interpretar e produzir textos orais e escritos em diferentes gêneros e formatos, a apreciação e a produção de manifestações artísticas, o desenvolvimento de hábitos de vida saudável por meio da prática de atividades físicas e a comunicação em uma língua estrangeira. Essas competências são essenciais para a formação de cidadãos críticos, criativos e capazes de se comunicar de forma eficaz (Brasil, 2018).

Na área de Matemática, as competências específicas abrangem a compreensão e a aplicação dos conceitos matemáticos fundamentais, a resolução de problemas e a capacidade de argumentação lógica. Essas competências são desenvolvidas de forma progressiva ao longo do ensino fundamental, garantindo que os estudantes adquiram uma base sólida de conhecimentos matemáticos e a habilidade de aplicá-los em situações diversas (Brasil, 2018).

Na área de Ciências da Natureza, as competências específicas incluem a capacidade de investigar fenômenos naturais, interpretar dados e formular hipóteses, além de compreender e aplicar os princípios científicos em situações práticas. Essas competências são fundamentais para desenvolver o pensamento crítico e a capacidade de tomar decisões informadas sobre questões científicas e tecnológicas (Brasil, 2018).

Na área de Ciências Humanas, as competências específicas envolvem a análise crítica das dinâmicas sociais, culturais e ambientais, a compreensão das interações entre sociedade e meio ambiente e a capacidade de refletir sobre a história e a organização social. Essas competências contribuem para a formação de cidadãos conscientes e engajados, capazes de participar ativamente na sociedade e de contribuir para a construção de um mundo mais justo e sustentável (Brasil, 2018).

Na área de Ensino Religioso, as competências específicas incluem o respeito à diversidade religiosa, a compreensão das diferentes tradições religiosas e suas contribuições para a cultura e a sociedade, e a promoção do diálogo inter-religioso. Essas competências são fundamentais para promover a tolerância e a inclusão, contribuindo para a formação de uma sociedade mais plural e respeitosa (Brasil, 2018).

A BNCC do ensino fundamental, ao definir uma estrutura clara e competências específicas por área do conhecimento, tem como proposta promover uma formação integral e interdisciplinar dos estudantes. A integração dos conteúdos de diferentes áreas do conhecimento e a promoção de projetos interdisciplinares são estratégias para garantir uma aprendizagem significativa e contextualizada, preparando os educandos para enfrentar os desafios do século XXI (Brasil, 2018).

1.6 Impactos e implementação da BNCC

A implementação da BNCC representa uma mudança significativa no panorama educacional brasileiro, buscando estabelecer um currículo unificado que promova a equidade e a qualidade da educação em todas as regiões do país, em que pesem as tensões no processo de construção do documento e sua implantação e implementação. A Base Nacional foi pensada com o objetivo de garantir que todos os estudantes, independentemente de sua localização geográfica ou condição socioeconômica, tenham acesso a um conjunto comum de aprendizagens essenciais que promovam seu desenvolvimento integral. A adoção da BNCC traz desafios e oportunidades, exigindo um esforço coordenado de estados, municípios, escolas e educadores para sua efetiva implementação (Brasil, 2018).

A implementação da BNCC enfrenta vários desafios, entre os quais se destacam a necessidade de formação continuada para os professores, a adequação dos materiais didáticos e a reorganização dos currículos locais. A formação continuada é essencial para capacitar os educadores a integrar as novas diretrizes do documento normativo em suas práticas pedagógicas, garantindo que eles estejam preparados para desenvolver as competências e habilidades previstas no documento. Segundo Freitas (2014), a capacitação docente deve ser uma prioridade, envolvendo não apenas a atualização de conhecimentos, mas também o desenvolvimento de novas metodologias de ensino que promovam a aprendizagem ativa e significativa.

Outro desafio importante é a adaptação dos materiais didáticos às diretrizes da BNCC. As editoras e os sistemas de ensino precisam revisar e atualizar seus livros e recursos educacionais para alinhá-los aos objetivos e competências estabelecidos pela Base. Essa atualização deve considerar a diversidade cultural e regional do Brasil, garantindo que os materiais sejam relevantes e acessíveis a todos os estudantes. Além disso, a reorganização dos currículos locais exige um esforço colaborativo entre as secretarias de educação, as escolas e os professores para adaptar a BNCC às especificidades de cada contexto educativo, respeitando as particularidades culturais e sociais das diferentes regiões do país (Brasil, 2018).

A implementação da BNCC pode ser ilustrada por diversas experiências em diferentes contextos educacionais. Em São Luís de Montes Belos, estado de Goiás, por exemplo, o Conselho Municipal de Educação aprovou a Resolução CME/SLMBelos n.º 01/2020, que oficializa o Documento Curricular de Goiás – Ampliado para a Educação Infantil e o Ensino Fundamental (DC-GO). Essa resolução estabelece as matrizes curriculares para a rede municipal de ensino e define as diretrizes para a transição do antigo currículo para o novo, conforme as diretrizes da BNCC (São Luís de Montes Belos, 2020).

A resolução destaca a importância da contextualização e da interdisciplinaridade na implementação da BNCC, enfatizando a necessidade de adaptar os conteúdos às características culturais e regionais de Goiás. O documento curricular de São Luís de Montes Belos incorpora os campos de experiência definidos pela BNCC para a educação infantil, promovendo uma abordagem educativa que valoriza o lúdico e o desenvolvimento integral das crianças. Essa adaptação local da BNCC demonstra como é possível respeitar as diretrizes nacionais, ao mesmo tempo em que se valoriza a identidade cultural e as necessidades específicas de cada comunidade.

A avaliação e o monitoramento são componentes estruturantes para o sucesso da implementação da BNCC. A avaliação deve ser contínua e formativa, permitindo que os professores acompanhem o progresso dos estudantes e ajustem suas práticas pedagógicas conforme necessário. A Base promove uma abordagem de avaliação que vai além da verificação do conhecimento adquirido, focando no desenvolvimento das competências e habilidades que os educandos precisam para atuar de forma crítica e responsável na sociedade (Brasil, 2018).

O monitoramento da implementação da BNCC envolve a coleta e a análise de dados sobre o desempenho dos estudantes, a eficácia das práticas pedagógicas e a adequação dos materiais didáticos. Esse monitoramento deve ser realizado de forma colaborativa, envolvendo gestores, professores, pais e a comunidade em geral. As informações coletadas devem ser usadas para orientar as políticas educacionais, identificar áreas que necessitam de melhoria e compartilhar boas práticas que possam ser replicadas em outras regiões (Brasil, 2018).

1.7 Análise da aprovação da BNCC para o sistema de ensino de São Luís de Montes Belos

A Resolução CME/SLMBelos n.º 01/2020, aprovada pelo Conselho Municipal de Educação de São Luís de Montes Belos, oficializa a adoção do Documento Curricular de Goiás – Ampliado (DC-GO), alinhado à BNCC, para a educação infantil e o ensino fundamental no Sistema Municipal de Ensino (SME). Essa Resolução é um exemplo concreto de como a BNCC está sendo implementada em nível local, adaptando-se às especificidades culturais e regionais de Goiás (São Luís de Montes Belos, 2020).

O documento curricular aprovado inclui um texto introdutório que aborda os marcos legais, as características da cultura goiana e a descrição do processo de construção do currículo. Ademais, ele define orientações para as transições entre as etapas de ensino, integrando conhecimentos, a partir de projetos investigativos, considerando temas contemporâneos e diversidades. A organização curricular por áreas de conhecimento e componentes curriculares está alinhada com as competências gerais e específicas da BNCC, garantindo a progressividade das aprendizagens e a formação integral dos alunos (São Luís de Montes Belos, 2020).

A Resolução também destaca a importância da formação continuada dos professores, a adequação dos materiais pedagógicos e a garantia de recursos humanos e físicos necessários para a implementação do novo currículo. A participação ativa dos professores na revisão e adequação do Projeto Político-Pedagógico das escolas é fundamental para assegurar a transição entre o antigo e o novo currículo e promover uma prática educativa que atenda às diretrizes da BNCC.

Em conclusão, a BNCC representa um marco, em muitos aspectos contraditório, na educação brasileira, estabelecendo diretrizes que visam garantir a equidade e determinado padrão de qualidade da educação em todo o país. A implementação da Base por meio do DC-GO em São Luís de Montes Belos, conforme a Resolução CME/SLMBelos n.º 01/2020, exemplifica como as diretrizes nacionais podem ser adaptadas às especificidades locais, promovendo uma educação contextualizada e inclusiva. A análise dessa implementação destaca a importância da colaboração entre diferentes níveis de governo, escolas e comunidade para assegurar o sucesso da BNCC e a formação integral dos estudantes.

1.8 Principais críticas da academia e comunidade educacional à BNCC

A BNCC tem sido objeto de intensos debates e críticas desde sua elaboração até sua implementação. Acadêmicos, educadores e diferentes setores da sociedade brasileira apontam diversas questões que consideram problemáticas no documento normativo. Essas críticas envolvem tanto aspectos do processo de construção do documento quanto suas diretrizes e conteúdos.

Centralização curricular

Uma das principais críticas é a centralização excessiva do currículo escolar promovida pela BNCC, que pode limitar a autonomia das escolas e dos professores na adaptação dos conteúdos às realidades locais e às necessidades específicas dos estudantes. Candau (2011) argumenta que essa centralização pode desconsiderar as particularidades regionais e culturais do Brasil, impondo um modelo único de currículo que não reflete a diversidade do país. Essa crítica é fundamentada na ideia de que a educação deve ser contextualizada e adaptada às características e demandas de cada comunidade.

Processo de aprovação acelerado

Outra crítica recorrente é o processo acelerado de aprovação da BNCC, que, segundo Freitas (2014), não permitiu um debate aprofundado e a consideração de todas as perspectivas. Muitos educadores e especialistas sentiram que não houve tempo suficiente para uma consulta pública ampla e significativa, o que comprometeu a legitimidade e a aceitação da BNCC. A falta de diálogo com a comunidade escolar durante o processo de elaboração é vista como uma limitação significativa, uma vez que os professores e educadores, que são os principais implementadores do currículo, não foram suficientemente ouvidos.

Ênfase em competências e habilidades

A ênfase da BNCC em competências e habilidades, em detrimento dos conteúdos específicos, é também objeto de críticas. Críticos, como Libâneo (2006), apontam que essa abordagem pode levar à superficialidade no ensino de disciplinas tradicionais, como história, literatura e ciências. Ao focar nas competências, a BNCC pode negligenciar a profundidade de conhecimentos que são essenciais para a formação acadêmica e cultural dos estudantes. Essa perspectiva sugere que um equilíbrio deve ser encontrado entre o desenvolvimento de competências e a transmissão de conteúdos específicos.

Desconsideração das diferenças regionais

A uniformização proposta pela BNCC é criticada por desconsiderar as vastas diferenças culturais, socioeconômicas e educacionais entre as diversas regiões do Brasil. Hoffmann (2005) argumenta que a diversidade do país exige um currículo flexível, que possa ser adaptado às necessidades e contextos locais. A Base, ao estabelecer um conjunto único de diretrizes, pode não atender adequadamente às especificidades regionais, perpetuando desigualdades e limitando a efetividade das políticas educacionais.

Implementação e capacitação

A capacidade das redes de ensino de implementar adequadamente a BNCC é outra preocupação significativa. Fini (2017) destaca que a formação e a capacitação dos professores são essenciais para êxito da reforma curricular proposta. No entanto, muitos educadores apontam a falta de programas de formação continuada e de recursos adequados para preparar os professores para trabalhar sob as novas diretrizes. A implementação da BNCC requer investimentos substanciais em formação docente, desenvolvimento de materiais pedagógicos e infraestrutura escolar.

Avaliação padronizada

A ênfase em avaliações padronizadas e métricas de sucesso é também alvo de críticas. Pereira (2022) argumenta que essas avaliações podem não capturar a complexidade e a riqueza dos processos educativos, incentivando uma educação voltada para "ensinar para o teste". A avaliação formativa e diagnóstica, que são essenciais para acompanhar o desenvolvimento dos estudantes e orientar as práticas pedagógicas, podem ser relegadas a segundo plano em um contexto de pressão por resultados em avaliações padronizadas. As codificações de objetivos de aprendizagem e desenvolvimento (educação infantil) e de habilidades (ensino fundamental) são vistas como estratégia que venha a favorecer a realização das avaliações em larga escala.

Impacto sobre populações marginalizadas

A BNCC é criticada por não abordar de maneira suficiente as necessidades de populações marginalizadas, incluindo estudantes com deficiência, estudantes negros e indígenas, e aqueles de comunidades de baixa renda. Luckesi (2005) aponta que, nesse contexto, pode-se perpetuar desigualdades existentes no sistema educacional, se não forem implementadas políticas específicas para garantir a inclusão e a equidade. A falta de atenção às necessidades dessas populações pode comprometer o objetivo da BNCC de promover uma educação de qualidade para todos.

Impacto no ensino de arte e cultura

Especialistas da área de arte e cultura expressaram preocupações de que a BNCC possa restringir o ensino dessas áreas, ao não considerar adequadamente sua importância e especificidade no desenvolvimento integral dos estudantes. Boss (2022) argumenta que a educação artística é fundamental para a formação cultural e emocional dos educandos, promovendo a criatividade, a sensibilidade estética e a expressão pessoal. A Base, ao focar em competências e habilidades, pode reduzir o espaço dedicado ao ensino das artes, comprometendo a formação integral dos estudantes.

Tecendo considerações

A implementação da Base Nacional Comum Curricular é um marco na educação brasileira, mas também é um empreendimento repleto de desafios complexos e controvérsias. Apesar das promessas de promover a equidade e a qualidade do ensino, a BNCC enfrenta críticas significativas tanto da comunidade acadêmica quanto dos profissionais da educação, que questionam a eficácia e a viabilidade de suas diretrizes em um país tão diverso quanto o Brasil.

Um dos principais desafios é a centralização do currículo. A BNCC estabelece um conjunto unificado de diretrizes que, embora tenham a intenção de padronizar a qualidade da educação, podem não refletir adequadamente as realidades regionais e culturais das diversas regiões do Brasil. Essa centralização pode limitar a autonomia das escolas e dos professores, restringindo a capacidade de adaptar o ensino às necessidades e contextos específicos dos estudantes. A educação, por sua natureza, deve ser flexível e responsiva às particularidades locais, e a Base, em sua forma atual, corre o risco de sufocar essa necessária adaptabilidade.

A formação continuada dos professores é outro ponto crítico. A implementação da BNCC requer que os educadores adquiram novas competências e adaptem suas práticas pedagógicas às diretrizes estabelecidas. No entanto, muitos professores relatam falta de apoio adequado e recursos para essa transição. Sem uma formação contínua e significativa, a aplicação das novas diretrizes pode ser superficial, comprometendo a proposta normativa. A formação docente deve ser priorizada, com investimentos substanciais em programas de capacitação que realmente preparem os professores para os desafios das novas demandas curriculares.

A adequação dos materiais didáticos também apresenta um desafio significativo. As editoras e os sistemas de ensino precisam alinhar seus recursos aos objetivos da BNCC, mas a diversidade cultural e regional do Brasil torna essa tarefa complexa. Além disso, a distribuição desigual de recursos entre as escolas pode exacerbar as desigualdades já existentes. Sem um esforço coordenado para garantir que todos os estudantes tenham acesso a materiais de qualidade, a promessa de equidade da Base pode permanecer inatingível.

A ênfase em competências e habilidades, em detrimento dos conteúdos específicos, também gera controvérsias. Críticos argumentam que essa abordagem pode levar à superficialidade no ensino de disciplinas tradicionais, como história, literatura e ciências. A profundidade e a riqueza dos conhecimentos nessas áreas são essenciais para a formação integral dos estudantes, e a BNCC precisa equilibrar a promoção de competências com a transmissão de conteúdos significativos. Caso contrário, corre-se o risco de formar educandos com habilidades práticas, mas com um entendimento limitado e fragmentado dos saberes fundamentais.

A avaliação é um aspecto que necessita de revisão crítica. A BNCC promove uma abordagem formativa e diagnóstica da avaliação, o que é positivo, mas a prática comum ainda está fortemente vinculada às avaliações padronizadas. Essas avaliações muitas vezes não capturam a complexidade dos processos educativos e podem incentivar uma educação voltada para "ensinar para o teste". É necessário um movimento em direção a práticas avaliativas mais inclusivas e reflexivas, que realmente contribuam para o desenvolvimento integral dos estudantes.

No contexto dos municípios, a implementação da BNCC apresenta desafios adicionais. A experiência de São Luís de Montes Belos, com a adaptação local da BNCC, evidencia a necessidade de um processo participativo e contextualizado. No entanto, nem todos os municípios possuem a capacidade técnica e os recursos necessários para realizar adaptações eficazes. A falta de infraestrutura, a escassez de profissionais qualificados e a desigualdade de acesso a recursos são obstáculos que precisam ser superados. Sem o suporte adequado, a implementação da BNCC pode aprofundar as desigualdades existentes, em vez de reduzi-las.

As perspectivas futuras em relação à BNCC são ambivalentes. Por um lado, a Base tem o potencial de promover uma educação de qualidade para todos os estudantes brasileiros, mas, por outro, os desafios de sua implementação são consideráveis. É necessário um compromisso contínuo de todos os níveis de governo para fornecer os recursos e o suporte necessários. Além disso, é essencial que haja flexibilidade e abertura para revisar e ajustar a BNCC, à medida que novos desafios e necessidades surgem.

Em suma, a BNCC é um passo importante, mas não é uma solução mágica para os problemas da educação brasileira. A sua implementação eficaz requer mais do que boas intenções; exige recursos, capacitação, flexibilidade e um compromisso genuíno com a equidade e a qualidade. Sem essas condições, o documento normativo corre o risco de se tornar mais uma política "bem-intencionada", mas sem efeitos concretos, na longa história das reformas educacionais no Brasil.

DIMENSÕES DO PROJETO POLÍTICO-PEDAGÓGICO: FUNDAMENTOS E CONTRIBUIÇÕES

Introdução

O Projeto Político-Pedagógico (PPP) emerge como um instrumento essencial para a gestão educacional, configurando-se como um documento norteador das práticas pedagógicas e administrativas das instituições escolares. A contextualização do PPP está intrinsecamente ligada às reformas educacionais e às demandas por uma educação de qualidade que promova a inclusão, a igualdade e a participação democrática. A relevância desse projeto transcende o simples cumprimento de normativas legais, constituindo-se em um eixo central para a construção de uma identidade escolar e para a promoção de um ambiente educacional que valorize a autonomia e a emancipação dos sujeitos envolvidos.

Este capítulo tem como objetivo explorar os fundamentos, as práticas e os desafios relacionados ao Projeto Político-Pedagógico. A partir de uma análise detalhada, discutiremos a evolução histórica do PPP no Brasil, suas bases legais, os princípios e fundamentos que o orientam, os objetivos traçados, o processo de construção democrática e participativa, e as dimensões estruturais que devem ser contempladas. Além disso, abordaremos os cuidados necessários na mobilização dos sujeitos e na elaboração do documento, bem como boas práticas e pontos de atenção na sua implementação, articulando sempre com as diretrizes estabelecidas pela Base Nacional Comum Curricular.

Para a elaboração deste capítulo, utilizamos uma metodologia de pesquisa bibliográfica e documental. A pesquisa bibliográfica incluiu a análise de obras relevantes de autores no campo da educação, como Veiga (2003, 2007, 2013, 2019), Freire (1996), Ferrari (2009) e Maia e Costa (2006). A pesquisa documental envolveu o exame de legislações educacionais, como a Lei de Diretrizes e Bases da Educação Nacional

(LDB, Lei n.º 9.394/1996), a BNCC, o Plano Nacional de Educação 2014-2024 (PNE) e o Estatuto da Criança e do Adolescente (ECA), bem como resoluções municipais que orientam a construção do PPP. Essa abordagem metodológica permitiu uma compreensão ampla e fundamentada dos diversos aspectos que envolvem esse documento, proporcionando uma base sólida para a discussão e análise crítica que se seguem.

A importância do PPP na educação é amplamente reconhecida na literatura acadêmica e nas políticas públicas educacionais. Conforme delineado pela LDB, Lei n.º 9.394/1996, o documento deve ser elaborado com a participação de todos os membros da comunidade escolar, incluindo gestores, professores, estudantes e pais, garantindo, assim, a construção coletiva e democrática deste documento (Brasil, 1996). Sua elaboração possibilita uma reflexão crítica sobre as práticas escolares, promovendo a definição de objetivos claros e a implementação de estratégias que visem à melhoria contínua da qualidade do ensino.

No contexto histórico brasileiro, a institucionalização do PPP reflete um movimento de descentralização e democratização da gestão escolar, impulsionado por legislações e diretrizes que buscam assegurar a autonomia das escolas e a participação efetiva de todos os atores educacionais. Esse processo é estruturante para o desenvolvimento de uma educação que seja, ao mesmo tempo, inclusiva e de qualidade, atendendo às necessidades e peculiaridades de cada comunidade escolar. A construção do PPP, portanto, não é apenas um requisito burocrático, mas uma oportunidade para a escola definir sua identidade, missão, visão e valores, alinhando suas práticas pedagógicas às demandas sociais contemporâneas.

A relevância do PPP também se manifesta na sua capacidade de promover a inovação pedagógica. Ao estabelecer diretrizes claras para o ensino e a aprendizagem, ele permite que as escolas possam adaptar suas práticas às mudanças e desafios do contexto educacional. Esse processo de inovação é fundamental para que a escola possa responder de maneira eficaz às necessidades dos estudantes, promovendo um ambiente de aprendizado que seja dinâmico, participativo e inclusivo. Além disso, a avaliação contínua do PPP, como parte integrante do processo de gestão escolar, garante que as práticas educacionais estejam sempre alinhadas aos objetivos propostos, permitindo ajustes e melhorias constantes.

2.1 Contexto histórico do Projeto Político-Pedagógico

No Brasil, o Projeto Político-Pedagógico é fruto de um processo histórico complexo e dinâmico, que reflete as mudanças políticas, sociais e educacionais do país. A sua institucionalização está diretamente ligada à promulgação da Lei de Diretrizes e Bases da Educação Nacional, em 1996, que estabeleceu a obrigatoriedade da elaboração, execução e avaliação do PPP pelas escolas. A LDB, em seu artigo 12, inciso I, destaca que "os estabelecimentos de ensino, respeitadas as normas comuns e as do seu sistema de ensino, terão a incumbência de elaborar e executar sua proposta pedagógica" (Brasil, 1996, p. 13). Esse marco legal reforça a importância do PPP como um documento estratégico que orienta a gestão escolar e a prática pedagógica, promovendo a autonomia e a participação democrática na educação.

Antes da LDB, o sistema educacional brasileiro era caracterizado por um alto grau de centralização, com o governo federal detendo o controle sobre as diretrizes e práticas escolares. Esse modelo começou a ser questionado a partir da década de 1980, com a redemocratização do país e o fortalecimento dos movimentos sociais que reivindicavam uma maior autonomia para as escolas e uma gestão democrática. A Constituição Federal de 1988, em seu artigo 206, inciso VI, estabelece o princípio da "gestão democrática do ensino público, na forma da lei" (Brasil, 1988, p. 18), criando as bases legais para a descentralização da gestão escolar e a valorização da participação comunitária. Esse contexto histórico foi fundamental para a idealização do PPP como um instrumento de gestão participativa e democrática.

As influências internacionais também desempenharam um papel significativo na proposição do PPP para as escolas no Brasil. A partir dos anos 1990, diversos países adotaram modelos de gestão educacional baseados na descentralização, na autonomia escolar e na participação comunitária. As reformas educacionais implementadas na Espanha, em Portugal e em alguns estados norte-americanos serviram como referência para a elaboração de políticas públicas brasileiras que buscavam modernizar e democratizar a gestão escolar. Todavia, Carnoy (2002, p. 57) destaca que "a descentralização educacional pode promover a participação local e a inovação pedagógica, desde que acompanhada de políticas que garantam a equidade e a qualidade do ensino". Essas experiências internacionais demonstraram a importância de se promover uma gestão participativa e de valorizar a especificidade de cada comunidade escolar, princípios que foram incorporados na concepção do PPP no Brasil.

No âmbito nacional, o PPP foi influenciado por diversas teorias pedagógicas e movimentos educacionais que defendiam uma educação crítica e emancipatória. A pedagogia de Paulo Freire, por exemplo, com sua ênfase na educação como prática da liberdade e na valorização do diálogo e da participação ativa dos estudantes no processo educativo, contribuiu significativamente para o desenho de um Projeto Político-Pedagógico. Freire (1996, p. 34) argumenta que "a prática educativa, como ação cultural, implica necessariamente uma postura crítica e reflexiva dos educadores, comprometidos com a transformação da realidade social". Outros educadores brasileiros, como Anísio Teixeira e Darcy Ribeiro, também influenciaram a formulação de políticas educacionais que buscavam uma maior integração entre a escola e a comunidade, promovendo uma educação voltada para a formação integral dos sujeitos.

Além das referências teóricas, o contexto político e social do Brasil nas últimas décadas moldou a idealização da gestão participativa da escola tendo o PPP como epicentro. A redemocratização do país, as reformas educacionais dos anos 1990 e 2000 e a implementação de políticas públicas voltadas para a inclusão e a qualidade educacional criaram um ambiente propício para o desenvolvimento do PPP como um instrumento de gestão escolar. Documentos como o Plano Nacional de Educação e a Base Nacional Comum Curricular consolidaram a importância do PPP ao estabelecer diretrizes claras para a elaboração e a execução dos projetos pedagógicos nas escolas brasileiras. O PNE, por exemplo, destaca a importância da "gestão democrática e participativa na educação, promovendo a descentralização e a autonomia das escolas" (Brasil, 2014, p. 22), reforçando a necessidade de uma construção coletiva do PPP.

Em suma, o contexto histórico das discussões sobre Projeto Político-Pedagógico no Brasil é marcado por uma trajetória de evolução e transformação, influenciada por movimentos sociais, teorias pedagógicas e experiências internacionais. A institucionalização do PPP reflete a busca por uma educação que promova a autonomia escolar, a gestão democrática e a participação ativa de toda a comunidade educativa. Destaca-se, ainda, a importância de se valorizar a especificidade de cada escola e de se promover uma educação voltada para a formação integral dos sujeitos, alinhada aos princípios de inclusão e qualidade. A construção do PPP, portanto, representa um compromisso com a democratização da educação e com a promoção de uma prática pedagógica inovadora e transformadora.

2.2 Base legal do Projeto Político-Pedagógico

O Projeto Político-Pedagógico possui uma fundamentação legal propositiva que orienta sua elaboração, execução e avaliação nas instituições de ensino brasileiras. A Lei de Diretrizes e Bases da Educação Nacional, Lei n.º 9.394/1996, é o principal marco legal que regula o PPP, estabelecendo diretrizes claras para a gestão escolar e a prática pedagógica. Segundo a LDB, "os estabelecimentos de ensino, respeitadas as normas comuns e as do seu sistema de ensino, terão a incumbência de elaborar e executar sua proposta pedagógica" (Brasil, 1996, art. 12, I). Essa legislação enfatiza a importância da autonomia escolar e da participação democrática na construção da proposta pedagógica, doravante PPP, visando à promoção de uma educação de qualidade. Ainda, de acordo com a LDB, é incumbência dos docentes, dentre outras:

> Art. 13. Os docentes incumbir-se-ão de:
>
> **I - participar da elaboração da proposta pedagógica do estabelecimento de ensino;**
>
> II - elaborar e cumprir plano de trabalho, segundo a proposta pedagógica do estabelecimento de ensino;
>
> III - zelar pela aprendizagem dos alunos;
>
> IV - estabelecer estratégias de recuperação para os alunos de menor rendimento;
>
> V - ministrar os dias letivos e horas-aula estabelecidos, além de participar integralmente dos períodos dedicados ao planejamento, à avaliação e ao desenvolvimento profissional;
>
> VI - colaborar com as atividades de articulação da escola com as famílias e a comunidade (Brasil, 1996, grifos nossos).

No artigo 14, a LDB/1996 estabelece que os sistemas de ensino definirão as normas da gestão democrática do ensino público na educação básica, de acordo com as suas peculiaridades tendo como um dos princípios a participação dos profissionais da educação na elaboração do projeto pedagógico da escola. Com esse desenho legal, a LDB estaca três grandes eixos diretamente relacionados à construção do Projeto Político-Pedagógico, sintetizados na Figura 11.

Figura 11 – Eixos do PPP de acordo com a LDB/1996

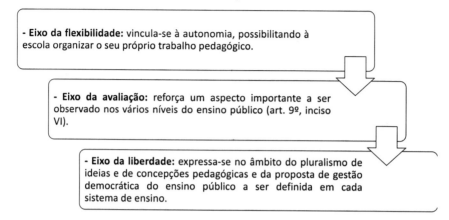

Fonte: elaboração própria a partir de Veiga (2003, 2007)

A partir desses três eixos, de acordo com os princípios da LDB n.º 9.394/1996, o PPP deve repercutir:

Figura 12 – Conteúdo estruturante do PPP

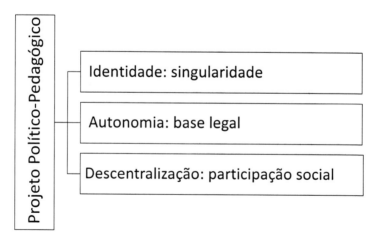

Fonte: elaboração própria a partir de Veiga (2003, 2019)

O Estatuto da Criança e do Adolescente, Lei n.º 8.069/1990, também contribui para a fundamentação legal do PPP ao garantir os direitos das crianças e dos adolescentes à educação. O ECA estabelece que

> [...] é dever do Estado assegurar à criança e ao adolescente: ensino fundamental, obrigatório e gratuito, inclusive para os que a ele não tiveram acesso na idade própria; atendimento educacional especializado aos portadores de deficiência, preferencialmente na rede regular de ensino (Brasil, 1990, Art. 54, I e III).

O PPP, ao ser elaborado, deve considerar as disposições do ECA para garantir que todos os estudantes tenham acesso a uma educação inclusiva e de qualidade, respeitando suas necessidades e direitos.

Além da LDB e do ECA, o Plano Nacional de Educação é outro instrumento legal que reforça a importância do PPP. O PNE, instituído pela Lei n.º 13.005/2014, estabelece metas e estratégias para a educação brasileira, com o objetivo de melhorar a qualidade do ensino e garantir a equidade e a inclusão. Uma das metas do PNE é "assegurar a gestão democrática da educação, associada a critérios técnicos de mérito e desempenho e à consulta pública à comunidade escolar" (Brasil, 2014, Meta 19). Essa meta destaca a necessidade de que o PPP seja construído de forma participativa, envolvendo todos os atores da comunidade escolar na tomada de decisões.

Somados aos marcos legais supracitados, a BNCC é outro documento normativo que orienta a construção do PPP. Ela estabelece os direitos e objetivos de aprendizagem e desenvolvimento que todos os estudantes devem alcançar ao longo da educação básica, servindo como referência para a elaboração dos currículos escolares. A Base destaca que "a implementação dos currículos deve considerar a autonomia das escolas para contextualizar e adequar os conteúdos às especificidades locais" (Brasil, 2018, p. 14). Assim, o PPP deve ser elaborado de forma a garantir a articulação entre as diretrizes nacionais e as particularidades de cada comunidade escolar, promovendo uma educação contextualizada e significativa.

No âmbito municipal, diversas resoluções e diretrizes também orientam a construção do PPP. Para ilustrar um exemplo, a Resolução CME/SLMBelos n.º 15/2019, do Conselho Municipal de Educação de São Luís de Montes Belos, Estado de Goiás, regulamenta "os processos de credenciamento, autorização de funcionamento e reconhecimento/renovação de ensino de instituições vinculadas ao Sistema Municipal de Ensino" (São Luís de Montes Belos, 2019, Art. 1). Essa Resolução destaca a necessidade de que as instituições educacionais elaborem seus PPPs de acordo com as normas e diretrizes locais, garantindo a coerência e a articulação entre as políticas educacionais municipais e as práticas escolares. De acordo com essa normativa, o PPP deve contemplar princípios, de modo a assegurar o efetivo cumprimento das funções sociopolítica e pedagógica das instituições (Art. 32). Para tanto, a Resolução definiu a organização bianual do PPP, considerando a seguinte estrutura:

Quadro 5 – Estrutura do PPP no Sistema Municipal de Ensino de São Luís de Montes Belos

Primeira parte – revisão bianual (Art. 33, I)	Segunda parte – revisão anual (Art. 33, II)
a) os fins e objetivos do projeto; b) a concepção de Educação que norteia a prática pedagógica e gestão; c) o histórico da instituição; d) as características da população a ser atendida e da comunidade na qual ela se insere; e) o regime de funcionamento; f) o espaço físico, instalações e equipamentos; g) os parâmetros de organização do trabalho pedagógico; h) a concepção de avaliação; i) a organização e as relações de trabalho; j) a articulação da instituição com a família e com a comunidade local; k) as finalidades do Conselho Escolar; l) o processo de avaliação institucional interna, que contemple a avaliação do Projeto Político-Pedagógico, ao longo de sua vigência; m) o processo de articulação e integração entre a educação infantil e o ensino fundamental; n) a proposta de formação continuada, construída e organizada de modo a estabelecer um processo de aprimoramento constante dos seus profissionais e a definição das ações que são da competência da instituição e as que são de responsabilidade da mantenedora; o) os programas institucionais ou parcerias desenvolvidos na/pela instituição.	a) o calendário escolar para materializar o planejamento anual; b) a relação de recursos humanos, especificando cargos, vínculos, funções e habilitações; c) os projetos de ensino a serem desenvolvidos; d) as metas de ação e respectivo cronograma para o ano letivo, inclusive, os programas e projetos de ensino que serão desenvolvidos; e) os procedimentos e instrumentos de avaliação discente.

Fonte: adaptado de Resolução CME/SLMBelos n.º 15/2019

Conforme pode ser observado no Quadro 5, a Resolução CME/SLMBelos n.º 15/2019 estabelece uma estruturação detalhada e sistemática para o Projeto Político-Pedagógico das instituições educacionais vinculadas ao Sistema Municipal de Ensino. Essa resolução divide o PPP em duas partes distintas: uma revisão bianual (vinculada ao mandato do diretor escolar) e outra anual. A primeira parte, revisada a cada dois anos, inclui a definição dos fins e objetivos do projeto, a concepção educacional, o histórico da instituição, as características da população atendida, o regime de funcionamento, as instalações físicas e equipamentos, e os parâmetros de organização do trabalho pedagógico, entre outros elementos. Esse enfoque permite uma avaliação aprofundada e abrangente dos fundamentos e da infraestrutura da instituição, garantindo que as práticas pedagógicas e administrativas estejam alinhadas com as necessidades e contextos locais.

A segunda parte, revisada anualmente, foca em aspectos mais operacionais e imediatos, como o calendário escolar, a relação de recursos humanos, os projetos de ensino, e as metas de ação para o ano letivo. Essa estrutura permite um planejamento contínuo e adaptável, promovendo um ciclo constante de avaliação e aprimoramento. A periodicidade distinta para cada parte do PPP facilita um balanço entre a estabilidade de longo prazo e a flexibilidade necessária para responder às mudanças e aos novos desafios. Dessa forma, a estruturação proposta pela Resolução CME/SLMBelos n.º 15/2019 não só garante a coerência e articulação entre as políticas educacionais municipais e as práticas escolares, mas também promove uma gestão educacional mais eficiente e alinhada com os princípios da inclusão e qualidade educacional.

Portanto, a base legal do Projeto Político-Pedagógico é ampla e diversificada, abrangendo legislações nacionais, como a LDB, a BNCC, o PNE e o ECA, bem como resoluções municipais nas quais há Sistema Municipal de Ensino instituído. Essa fundamentação legal assegura que o PPP seja um documento central para a gestão escolar, promovendo a autonomia, a participação democrática e a qualidade da educação. A construção do PPP deve ser orientada por essas diretrizes legais, garantindo que ele reflita os princípios e objetivos estabelecidos pelas políticas educacionais, ao mesmo tempo em que atenda às especificidades e necessidades de cada comunidade escolar.

2.3 Princípios e fundamentos do Projeto Político-Pedagógico

A etimologia nos explica que o termo **projeto** vem do latim *projectu* = "lançado". É particípio passado do verbo *projicere*, que significa "lançar para frente". Nesse sentido, configura-se como um plano, intento, desígnio. Empreendimento. Saber aonde se quer chegar para definir melhor os caminhos. Assim, o Projeto visa posicionar no presente uma visão de futuro, ou seja, determinada visão de cidadão e de uma sociedade. Mas o PPP não é só projeto, é também Político e Pedagógico:

Figura 13 – Conceituação de Projeto Político-Pedagógico

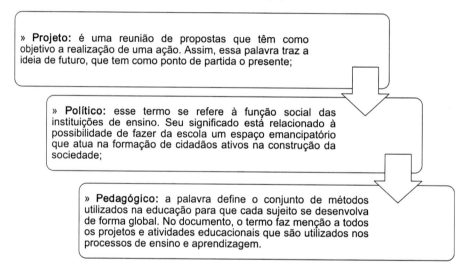

Fonte: elaboração própria a partir de Veiga (2003, 2007, 2013)

Nesse sentido, o Quadro 6, a seguir, apresenta as características organizacionais fundamentais do e suas respectivas vantagens. Essas características incluem a autonomia da escola, a gestão democrática, a articulação do currículo, a otimização do tempo, a estabilidade profissional, a capacitação dos profissionais, a participação dos pais, o reconhecimento público da escola e o apoio das autoridades. Cada uma dessas características contribui para a criação de um ambiente escolar mais participativo, colaborativo e eficaz, alinhado aos princípios e objetivos do PPP, promovendo uma educação de qualidade e inclusiva.

Quadro 6 – Vantagens do PPP para a cultura organizacional da escola

Características organizacionais	Vantagens
1. Autonomia da escola	Assegura espaços de participação da comunidade
2. Gestão democrática	Oferece estratégias de ação coletiva e estimula o comprometimento individual e compartilhado na execução de projetos
3. Articulação do currículo	Orienta adequadamente os planos de estudo e as estratégias de ensino e aprendizagem
4. Otimização do tempo	Evita possíveis desarticulações do currículo e do aspecto pedagógico
5. Estabilidade profissional	Propicia à escola executar seus planos de ação, reduzindo a alta rotatividade de profissionais
6. Capacitação dos profissionais	Oferece novas competências por meio da formação continuada relacionada ao PPP
7. Participação dos pais	Possibilita o comprometimento dos pais em decisões importantes que lhes dizem respeito
8. Reconhecimento público da escola	Promove o fortalecimento da identidade da escola mediante a comunidade interna e externa
9. Apoio das autoridades	Possibilita uma integração da escola com seu cotidiano, promovendo o fortalecimento de sua autonomia
10. Padrão de qualidade	Estabelece, em seu projeto de futuro, o padrão de qualidade que se almeja alcançar por meio da definição de objetivos e de ações articuladas

Fonte: adaptado de Marçal (2001) e Veiga (2007, 2013)

Analisando o Quadro 6, podemos perceber que a autonomia da escola assegura espaços de participação e decisão da comunidade, o que é essencial para a gestão democrática, um dos princípios centrais do PPP, conforme destacado pela LDB de 1996. A gestão democrática, por sua vez, oferece estratégias de ação coletiva e estimula o comprometimento individual e compartilhado na execução de projetos, fortalecendo o envolvimento de todos os atores educacionais. A articulação do currículo orienta adequadamente os planos de estudo e as estratégias de ensino e de aprendizagem, promovendo a qualidade do ensino. A otimização do tempo evita desarticulações no currículo e no aspecto pedagógico, permitindo uma execução mais eficaz dos planos de ação. A estabilidade profissional, proporcionada pela baixa rotatividade de profissionais, e a capacitação contínua dos educadores garantem a implementação de práticas pedagógicas de qualidade. A participação dos pais nas decisões escolares fortalece o vínculo entre a escola e a comunidade, enquanto o reconhecimento público da escola e o apoio das autoridades promovem a identidade e a autonomia institucional. Essas características organizacionais, quando bem implementadas, refletem os princípios do PPP e contribuem para a construção de uma educação democrática e de qualidade.

Observando-se os marcos legais e epistemológicos, a elaboração e execução de um PPP exige o atendimento a determinados princípios elementares. Os princípios norteadores do Projeto Político-Pedagógico são essenciais para garantir a sua eficácia e relevância no contexto escolar. Dentre esses conceitos fundamentais estão a **democratização**, a **participação** e a **qualidade**.

Figura 14 – Princípios do Projeto Político-Pedagógico

Fonte: adaptado de Marçal (2001)

A **democratização do acesso e permanência com sucesso** é um dos princípios centrais do Projeto Político-Pedagógico. Esse princípio visa garantir que todos os estudantes tenham acesso à educação de qualidade, independentemente de suas condições socioeconômicas, culturais ou geográficas. Veiga (2013) destaca que a democratização envolve não apenas a ampliação das oportunidades de acesso, mas também a garantia de que os estudantes permaneçam na escola e obtenham sucesso em suas trajetórias educativas. Isso requer a implementação de políticas e práticas inclusivas que atendam às necessidades específicas de cada educando, promovendo a equidade e a justiça social no ambiente escolar.

A **autonomia** é outro princípio fundamental do PPP, refletindo a capacidade da escola de definir seus próprios rumos educacionais de acordo com suas especificidades e contextos. A LDB/1996 destaca a importância da autonomia escolar como meio de fortalecer a gestão democrática e participativa. Ferrari (2009) reforça que a autonomia permite que a escola desenvolva um currículo que atenda às necessidades e expectativas da comunidade escolar, promovendo uma educação mais contextualizada e relevante. Essa autonomia é essencial para que a escola possa inovar e adaptar suas práticas pedagógicas, respondendo de forma eficaz aos desafios e mudanças do ambiente educacional.

A **gestão democrática** é um princípio que enfatiza a participação ativa de todos os membros da comunidade escolar na tomada de decisões. Veiga (2013) argumenta que a gestão democrática promove a corresponsabilidade e a transparência, assegurando que todos os atores educacionais — gestores, professores, estudantes, pais e comunidade — tenham voz nas decisões que afetam a escola. Esse princípio é balizar para a construção de um ambiente escolar colaborativo e inclusivo, onde as decisões são tomadas de forma coletiva e refletindo as necessidades e aspirações de todos os envolvidos. A participação implica o envolvimento ativo de todos os atores da comunidade escolar na elaboração, execução e avaliação do projeto. Luck (2008, p. 61) afirma que "participar implica em compartilhar poder e responsabilidade na tomada de decisões coletivas". A participação democrática promove a corresponsabilidade e a transparência, assegurando que o PPP reflita as necessidades e aspirações de todos os envolvidos. A gestão democrática do ensino, prevista na Constituição Federal de 1988 e na LDB/1996, reforça a importância da participação como um mecanismo fundamental para a construção de um projeto educativo que seja efetivamente inclusivo e representativo.

A **valorização dos profissionais da educação** é essencial para garantir a qualidade do ensino e a eficácia do PPP. Freire (1996) destaca a importância de reconhecer e valorizar o papel dos educadores como agentes de transformação social. Isso implica não apenas na remuneração adequada, mas também na oferta de condições de trabalho dignas, formação continuada e oportunidades de desenvolvimento profissional. A valorização dos profissionais da educação contribui para a motivação e o comprometimento dos educadores, refletindo-se na qualidade do ensino e na aprendizagem dos estudantes.

O **relacionamento da escola com a comunidade** é um princípio que visa fortalecer os vínculos entre a instituição educacional e o seu entorno. Maia e Costa (2006) enfatizam que a escola deve atuar como um centro de desenvolvimento comunitário, promovendo parcerias e colaborações que beneficiem tanto a escola quanto a comunidade. Esse relacionamento é fundamental para a construção de um ambiente educativo que valorize a participação comunitária, a diversidade cultural e a integração social, promovendo uma educação que vai além dos muros da escola e que contribui para o desenvolvimento sustentável da comunidade.

A **qualidade de ensino**, refletida no currículo, é um princípio central do PPP que visa garantir que todos os estudantes recebam uma educação que os prepare para os desafios do mundo contemporâneo. Veiga (2007, 2013) destaca que a qualidade do ensino envolve a adoção de práticas pedagógicas inovadoras, a utilização de recursos adequados e a implementação de processos avaliativos que promovam a aprendizagem significativa. A construção de um currículo que seja ao mesmo tempo rigoroso e flexível é essencial para atender às diversas necessidades e potencialidades dos alunos, promovendo seu desenvolvimento integral e preparando-os para a cidadania ativa e o mercado de trabalho.

Os fundamentos teóricos e conceituais do PPP são diversos e refletem uma gama de abordagens pedagógicas que influenciam sua elaboração e implementação. A pedagogia crítica de Paulo Freire é uma das principais influências, com sua ênfase na educação como prática da liberdade e na construção do conhecimento por meio do diálogo e da reflexão crítica. Freire (1996, p. 43) argumenta que "a prática educativa, como ação cultural, implica necessariamente uma postura crítica e reflexiva dos educadores, comprometidos com a transformação da realidade social".

Esse fundamento teórico orienta a construção de um projeto de escola e de sociedade que seja capaz de promover a emancipação dos sujeitos e a transformação social.

Outro fundamento teórico relevante é a concepção de currículo integrado e contextualizado, que visa superar a fragmentação do conhecimento e promover uma aprendizagem significativa. Segundo Veiga (2013, p. 13), "o projeto busca um rumo, uma direção. É uma ação intencional, com um sentido explícito, com um compromisso definido coletivamente". A elaboração de um currículo integrado permite que os objetos do conhecimento sejam trabalhados de maneira interdisciplinar, relacionando-se com as experiências e contextos dos estudantes e promovendo uma aprendizagem mais efetiva e engajada.

A gestão democrática e participativa assegura a construção coletiva do projeto e a valorização de todos os membros da comunidade escolar. A elaboração coletiva e democrática significa envolver todos os atores vinculados à instituição educacional, como gestores, coordenadores, professores, funcionários, estudantes, pais e representantes da comunidade (Betini, 2019). Esse processo garante a representatividade e legitimidade, promovendo uma gestão escolar mais eficiente e alinhada às necessidades e expectativas dos diferentes grupos envolvidos.

Além desses fundamentos, o PPP deve considerar as especificidades locais e contextuais de cada escola, respeitando suas particularidades culturais, sociais e econômicas. A BNCC destaca que "a implementação dos currículos deve considerar a autonomia das escolas para contextualizar e adequar os conteúdos às especificidades locais" (Brasil, 2018, p. 14). Em suma, o PPP, alinhado aos marcos legais, princípios e fundamentos deve manifestar a realidade, a finalidade e o processo de mediação entre a escola que se tem, seu entorno e o projeto de sociedade, conforme ilustrado na Figura 15.

Figura 15 – Triangulação dos princípios e finalidades do PPP

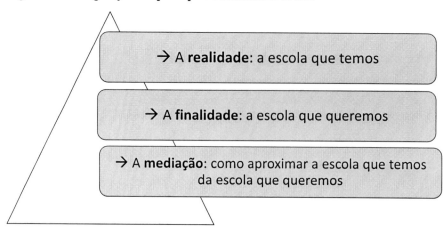

Fonte: adaptado de Marçal (2001) e Veiga (2013)

Essa orientação assegura que o PPP seja um documento vivo e dinâmico, capaz de responder às demandas específicas de cada comunidade escolar e promover uma educação que seja, ao mesmo tempo, relevante e transformadora.

Em suma, os princípios norteadores do PPP — democratização, participação e qualidade — juntamente com os fundamentos teóricos e conceituais que o sustentam, formam a base para a construção de um projeto educativo coerente. A elaboração de um PPP deve ser um processo coletivo e democrático, orientado por uma visão crítica e reflexiva da educação, que promova a inclusão, a equidade e a qualidade do ensino. Esse compromisso com a formação integral dos sujeitos e com a transformação social é o que confere ao Projeto Político-Pedagógico sua importância e relevância no contexto educacional brasileiro.

2.4 Objetivos do Projeto Político-Pedagógico

Os objetivos do Projeto Político-Pedagógico são referências para orientar as práticas pedagógicas e administrativas das instituições escolares, proporcionando um norte claro e coeso para todas as ações educativas. Definir os objetivos é estabelecer as metas que a escola pretende alcançar a curto, médio e longo prazo, garantindo que todas as atividades desenvolvidas estejam alinhadas a uma visão comum de educação. Veiga

(2013, p. 13) destaca que "o projeto busca um rumo, uma direção. É uma ação intencional, com um sentido explícito, com um compromisso definido coletivamente". Nesse sentido, os objetivos representam esse compromisso coletivo em direção a uma educação de qualidade.

A importância dos objetivos na orientação das práticas pedagógicas reside na sua capacidade de proporcionar um foco para o trabalho docente e para a organização escolar. Objetivos bem definidos permitem que os educadores planejem suas aulas e atividades de forma mais eficaz, alinhando o currículo escolar às necessidades e expectativas dos estudantes. De acordo com Ferrari (2009, p. 165), "a construção coletiva do PPP permite a identificação das reais necessidades educacionais, possibilitando um planejamento mais adequado e contextualizado". Assim, os objetivos não só direcionam as práticas pedagógicas, mas também promovem o desenvolvimento integral dos estudantes.

No âmbito administrativo, os objetivos do PPP são igualmente essenciais, pois orientam a gestão escolar em termos de organização e distribuição de recursos, formação continuada dos profissionais da educação e estabelecimento de parcerias com a comunidade. A definição clara dos objetivos administrativos permite uma gestão mais eficiente e transparente, assegurando que todas as decisões tomadas estejam em consonância com a missão e a visão da escola. Maia e Costa (2006, p. 37) afirmam que "o PPP deve articular-se com as demandas da comunidade escolar, promovendo uma gestão participativa e descentralizada". A descentralização mencionada implica em uma gestão compartilhada, onde os objetivos comuns são perseguidos de maneira colaborativa e democrática.

Os objetivos também desempenham um papel referencial na avaliação e no monitoramento das práticas escolares. A partir dos objetivos estabelecidos, é possível desenvolver indicadores e critérios de avaliação que permitam acompanhar o progresso e identificar áreas que necessitam de melhorias. Esse processo de avaliação contínua garante que o PPP seja um documento dinâmico e flexível, capaz de se adaptar às mudanças e às novas demandas da comunidade escolar. Freire (1996, p. 34) destaca que "a prática educativa, como ação cultural, implica necessariamente uma postura crítica e reflexiva dos educadores, comprometidos com a transformação da realidade social". A avaliação dos objetivos do PPP deve, assim, ser um momento de reflexão crítica, que possibilite ajustes e inovações nas práticas escolares.

Além disso, os objetivos são fundamentais para a construção de uma identidade escolar forte e coesa. Ao definir claramente seus objetivos, a escola comunica seus valores, suas prioridades e suas expectativas, tanto para a comunidade interna quanto para a externa. Essa clareza de propósito fortalece o sentido de pertencimento e de compromisso entre todos os membros da comunidade escolar, promovendo um ambiente de colaboração, engajamento e de confiança mútua. Veiga (2013, p. 28) enfatiza que "o projeto político-pedagógico é o instrumento que possibilita à escola inovar sua prática pedagógica, na medida em que apresenta novos caminhos para as situações que precisam ser modificadas". Portanto, os objetivos do PPP não são apenas metas a serem alcançadas, mas também catalisadores de transformação e inovação educacional.

Ferrari (2009, p. 167) reforça que

> [...] a participação ativa de todos os atores educacionais na definição dos objetivos do PPP assegura que o projeto seja representativo e legítimo, refletindo as reais necessidades e expectativas da comunidade escolar.

Esse envolvimento coletivo na definição dos objetivos é crucial para garantir que o PPP seja um documento vivo, capaz de promover uma educação de qualidade, inclusiva e contextualizada. A construção coletiva dos objetivos também facilita a mobilização e o comprometimento dos diversos segmentos da comunidade escolar, promovendo uma cultura de colaboração e corresponsabilidade.

2.5 Processo de Construção Democrática e Participativa do PPP

A construção democrática e participativa do Projeto Político-Pedagógico é um processo fundamental para garantir que o documento reflita as reais necessidades e expectativas da comunidade escolar. A importância da participação coletiva na elaboração desse documento não pode ser subestimada, pois é por meio desse processo que se assegura a representatividade e a legitimidade do projeto. Segundo Veiga (2013, p. 167), "a participação é um mecanismo de representação e participação política". Esse princípio democrático promove a corresponsabilidade e a transparência, essenciais para a efetividade de um projeto de escola e de um projeto de sociedade.

O envolvimento de todos os atores educacionais, incluindo gestores, professores, estudantes, pais e membros da comunidade, é essencial para a construção de um PPP robusto e inclusivo. Ferrari (2009, p. 64) destaca que

> [...]a elaboração participativa e democrática significa envolver todos os atores vinculados à instituição educacional, como gestores, coordenadores, professores, funcionários, estudantes, pais, familiares, representantes da comunidade vinculada ao processo educativo.

Essa abordagem contribui para que o PPP seja um documento coletivo, refletindo a diversidade de perspectivas e experiências dos diferentes grupos envolvidos.

Figura 16 – Etapas de Produção Coletiva do PPP

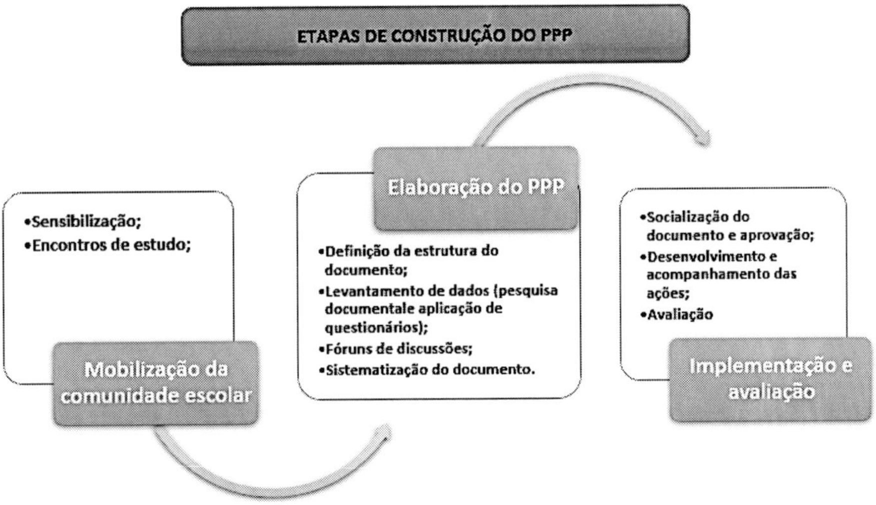

Fonte: Projeto [...] (2022)

As etapas da construção participativa do PPP começam com a **sensibilização e mobilização** da comunidade escolar. Nessa fase, é importante promover reuniões, *workshops* e seminários para informar e engajar todos os membros da comunidade no processo de elaboração do PPP. Maia e Costa (2006, p. 41) afirmam que "a construção coletiva do PPP deve iniciar-se com um diagnóstico participativo, onde se identificam as necessidades e as potencialidades da escola". Esse diagnóstico inicial é fundamental para estabelecer uma base sólida sobre a qual o PPP será construído.

Uma vez realizado o diagnóstico, a próxima etapa envolve a definição coletiva dos **objetivos e das diretrizes** do PPP. Veiga (2013, p. 36) enfatiza que

> [...] a elaboração do projeto político-pedagógico deve ser um processo coletivo, onde todos os envolvidos tenham voz e possam contribuir para a construção de um projeto que reflita as necessidades e os valores da comunidade escolar.

Nessa fase, é essencial garantir que todas as vozes sejam ouvidas e que haja um consenso sobre as prioridades e os objetivos a serem alcançados.

A elaboração do **plano de ação** é a etapa seguinte, na qual são definidas as estratégias e as atividades que serão implementadas para alcançar os objetivos estabelecidos. Freire (1996, p. 34) argumenta que "a prática educativa, como ação cultural, implica necessariamente uma postura crítica e reflexiva dos educadores, comprometidos com a transformação da realidade social". Assim, o plano de ação deve ser construído de forma a promover uma educação crítica e emancipatória, alinhada aos princípios de inclusão e equidade.

Após a elaboração do plano de ação, é importante estabelecer mecanismos de **acompanhamento e avaliação contínua** do PPP. Esse processo de avaliação deve ser participativo e reflexivo, permitindo ajustes e inovações conforme necessário. Veiga (2013, p. 34) destaca que "a prática educativa, como ação cultural, implica necessariamente uma postura crítica e reflexiva dos educadores, comprometidos com a transformação da realidade social". A avaliação contínua garante que o PPP se mantenha relevante e eficaz, promovendo a melhoria contínua das práticas escolares.

O envolvimento dos diferentes atores educacionais é importante em todas as etapas da construção do PPP. Gestores devem liderar o processo com uma visão clara e inclusiva, enquanto professores trazem suas experiências e conhecimentos pedagógicos. Estudantes e pais devem ser incentivados a participar ativamente, contribuindo com suas perspectivas e expectativas. Ferrari (2009, p. 167) afirma que "a participação ativa de todos os atores educacionais na definição dos objetivos do PPP assegura que o projeto seja representativo e legítimo, refletindo as reais necessidades e expectativas da comunidade escolar".

A Figura 17 sintetiza o movimento de elaboração do PPP:

Figura 17 – Passo a passo de elaboração do PPP

Fonte: adaptado de Marçal (2001) e Veiga (2013)

Logo, o processo de construção democrática e participativa do PPP é essencial para garantir que o projeto seja um documento vivo e dinâmico, capaz de promover uma educação de qualidade, inclusiva e contextualizada. A participação coletiva assegura a representatividade e a legitimidade do PPP, enquanto as etapas de diagnóstico, definição de objetivos, elaboração do plano de ação e avaliação contínua garantem que o projeto seja construído de forma reflexiva e colaborativa. A construção do PPP deve ser um compromisso com a democratização da gestão escolar e a promoção de uma educação transformadora, alinhada aos princípios de inclusão, equidade e qualidade.

2.6 Estrutura e organização de um Projeto Político-Pedagógico

A estrutura e a organização de um Projeto Político-Pedagógico são essenciais para garantir sua eficácia e funcionalidade nas instituições de ensino. Um documento bem estruturado deve contemplar diversas dimensões que abarcam todos os aspectos da gestão escolar. Entre essas dimensões, destacam-se a **pedagógica**, a **administrativa**, a **financeira** e a **jurídica**. Cada uma dessas dimensões desempenha um papel essencial na implementação e no sucesso do Projeto, assegurando que todas as áreas da escola estejam alinhadas e operando de forma harmoniosa.

Figura 18 – Dimensões do Projeto Político-Pedagógico

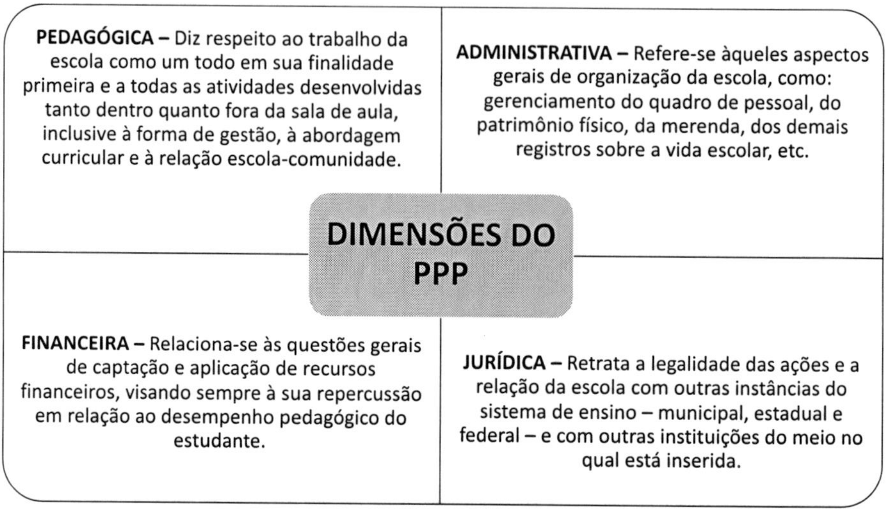

PEDAGÓGICA – Diz respeito ao trabalho da escola como um todo em sua finalidade primeira e a todas as atividades desenvolvidas tanto dentro quanto fora da sala de aula, inclusive à forma de gestão, à abordagem curricular e à relação escola-comunidade.

ADMINISTRATIVA – Refere-se àqueles aspectos gerais de organização da escola, como: gerenciamento do quadro de pessoal, do patrimônio físico, da merenda, dos demais registros sobre a vida escolar, etc.

DIMENSÕES DO PPP

FINANCEIRA – Relaciona-se às questões gerais de captação e aplicação de recursos financeiros, visando sempre à sua repercussão em relação ao desempenho pedagógico do estudante.

JURÍDICA – Retrata a legalidade das ações e a relação da escola com outras instâncias do sistema de ensino – municipal, estadual e federal – e com outras instituições do meio no qual está inserida.

Fonte: adaptado de Marçal (2001) e Veiga (2003, 2013)

A **dimensão pedagógica** é talvez a mais fundamental, pois trata diretamente das práticas de ensino e da aprendizagem. Veiga (2013, p. 13) ressalta que "na dimensão pedagógica reside a possibilidade da efetivação da intencionalidade da escola, que é a formação do cidadão participativo, responsável, compromissado, crítico e criativo". Essa dimensão envolve a definição do currículo, das metodologias de ensino, dos processos avaliativos e das estratégias pedagógicas que serão adotadas para alcançar os objetivos educacionais. É importante que essa dimensão seja construída de forma colaborativa, envolvendo professores, coordenadores pedagógicos e outros especialistas em educação.

A **dimensão administrativa** refere-se aos aspectos gerais de organização e gestão da escola. Inclui o gerenciamento do quadro de pessoal, a manutenção do patrimônio físico, a gestão da merenda escolar e a administração dos registros acadêmicos. Segundo Maia e Costa (2006, p. 37), "a gestão administrativa deve ser eficiente e transparente, garantindo que todos os recursos da escola sejam utilizados de maneira adequada e em benefício da comunidade escolar". Uma gestão administrativa bem estruturada é essencial para criar um ambiente escolar organizado e propício ao aprendizado.

A **dimensão financeira** trata da captação e da aplicação dos recursos financeiros da escola. Explica Veiga (2013, p. 18) que "a autonomia e a qualidade comprometem-se e, dessa forma, o poder centralizador precisa ser substituído pela descentralização". A descentralização financeira permite que a escola tenha maior controle sobre seus recursos e possa aplicá-los de acordo com suas necessidades específicas. A gestão financeira deve ser transparente e participativa, garantindo que todos os membros da comunidade escolar saibam como os recursos estão sendo utilizados e possam contribuir para decisões financeiras mais informadas. Um aliado da gestão financeira é o Conselho Escolar.

A **dimensão jurídica** retrata a legalidade das ações da escola e sua relação com outras instâncias do sistema de ensino. Inclui o cumprimento das legislações educacionais, como a LDB, a BNCC e as diretrizes estaduais e municipais. Sobre esse aspecto, Ferrari (2009, p. 66) afirma que "a dimensão jurídica assegura que todas as ações e políticas da escola estejam em conformidade com a legislação vigente, protegendo a instituição e seus membros de possíveis irregularidades". Uma compreensão clara das responsabilidades e obrigações legais é balizar para a gestão escolar.

Além dessas dimensões, um PPP deve estar estruturado em marcos que guiam sua elaboração e implementação, de acordo com a Figura 19.

Figura 19 – Marcos estruturais do Projeto Político-Pedagógico

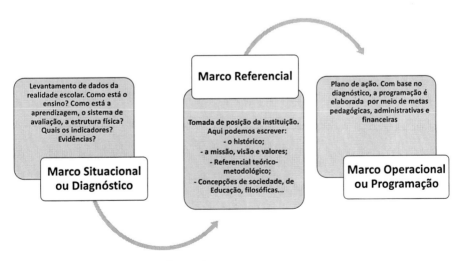

Fonte: adaptado de Projeto [...] (2016)

O **diagnóstico** é o primeiro marco e envolve a coleta e a análise de dados sobre a realidade escolar. Veiga (2013, p. 37) sugere que "o diagnóstico deve ser participativo, envolvendo toda a comunidade escolar na identificação dos pontos fortes e fracos da instituição". Esse processo é fundamental para entender as necessidades e as potencialidades da escola, proporcionando uma base sólida para a definição de objetivos e estratégias.

O quadro de análise Forças, Oportunidades, Fraquezas e Ameaças (Fofa) ou análise SWOT em inglês é um instrumento estratégico amplamente utilizado no marco diagnóstico das instituições e, no caso da educação, incluindo a elaboração do Projeto Político-Pedagógico (PPP). Na gestão escolar, a análise Fofa é uma ferramenta estratégica que ajuda os gestores a obterem uma visão abrangente da escola, identificando tanto os aspectos positivos que podem ser potencializados para promover uma educação de qualidade quanto os pontos críticos que requerem atenção para evitar o insucesso. Esse modelo de análise utiliza um diagrama que proporciona uma visão sistêmica, facilitando a compreensão das interações entre os diversos elementos da instituição. A análise divide-se em duas partes: a análise do **ambiente interno**, que permite identificar as forças e fraquezas da instituição, e a análise do **ambiente externo**, que foca nas oportunidades e ameaças. Dessa forma, a análise Fofa possibilita um planejamento mais eficaz e a criação de novas perspectivas para a comunidade escolar. Ao identificar as forças, a escola reconhece seus pontos fortes e os recursos que podem ser aproveitados para promover a qualidade da educação. As oportunidades, por sua vez, representam os fatores externos favoráveis que a escola pode explorar para melhorar suas práticas e ampliar seu impacto educacional. A análise das fraquezas permite que a escola reconheça suas limitações e áreas que necessitam de aprimoramento, enquanto as ameaças são os fatores externos que podem representar desafios ou riscos para a instituição. Veja o Quadro 7:

Quadro 7 – Modelo de Quadro Fofa (SWOT)

	Ajuda	Atrapalha
Interno (organização)	*Forças* - - -	*Fraquezas* - - -
Externo (ambiente)	*Oportunidades* - - -	*Ameaças* - - -

Fonte: elaboração própria

A aplicação do quadro Fofa no marco diagnóstico contribui para o autoconhecimento institucional e, como consequência, para uma gestão escolar mais consciente e proativa. Com ele é possível identificar os fatores internos (forças e fraquezas) e os fatores externos (oportunidades e ameaças) que incidem sobre o trabalho escolar.

Ao realizar essa análise, a escola pode desenvolver estratégias que potenciem suas forças e oportunidades, ao mesmo tempo em que implementa ações para mitigar suas fraquezas e proteger-se contra as ameaças. Esse processo de reflexão crítica e planejamento estratégico contribui para a elaboração de um PPP mais robusto e alinhado às realidades e demandas do contexto educacional.

Além disso, a análise Fofa promove a participação ativa de toda a comunidade escolar, incentivando o envolvimento de gestores, professores, estudantes e pais na construção de um diagnóstico compartilhado e na busca por soluções coletivas. Dessa forma, o quadro Fofa se destaca como um instrumento oportuno para a construção de um PPP que realmente contribua para a melhoria contínua da educação.

O **marco referencial** define os valores, as crenças e as concepções pedagógicas que orientarão o Projeto. Esse marco inclui a missão, a visão e os princípios da escola, bem como a concepção de currículo e de ensino-aprendizagem. Segundo Freire (1996, p. 34), "a prática educativa deve ser orientada por uma visão crítica e emancipatória, comprometida com a transformação da realidade social". Nesse sentido, o marco referencial deve refletir um compromisso com a inclusão, a equidade e a qualidade educacional, guiando todas as ações da escola.

A **programação** é o terceiro marco estrutural do PPP e envolve o planejamento das ações e atividades que serão realizadas para alcançar os objetivos estabelecidos. Maia e Costa (2006, p. 40) afirmam que "a programação deve ser detalhada e realista, incluindo cronogramas, responsabilidades e recursos necessários para a implementação das estratégias pedagógicas e administrativas". Esse planejamento deve ser flexível, permitindo ajustes e adaptações conforme necessário, e deve ser constantemente monitorado e avaliado. No Quadro 8, temos um modelo de planilha para plano de ação:

Quadro 8 – Modelo de quadro de plano de ação

Metas ou objetivos específicos	Justificativa	Ações ou estratégias de ação	Responsáveis	Período	Recursos materiais
			Quem vai fazer?	Quando?	Com o que fazer?

Fonte: adaptado de Medel (2012)

Para exemplificar, imagine uma escola que identifica, por meio do diagnóstico, a necessidade de melhorar o desempenho dos estudantes em matemática. O referencial dessa escola pode incluir a valorização de práticas pedagógicas inovadoras e o uso de tecnologias educacionais. A programação, então, pode envolver a formação continuada dos professores em metodologias ativas de ensino, a aquisição de novos recursos tecnológicos e a implementação de aulas de reforço para os discentes com maiores dificuldades. Todo esse processo deve ser acompanhado e avaliado continuamente para garantir que os objetivos sejam alcançados e que as estratégias estejam funcionando conforme esperado.

Em síntese, a estrutura e a organização de um bom Projeto Político-Pedagógico devem contemplar as dimensões pedagógica, administrativa, financeira e jurídica e seguir os marcos estruturais de diagnóstico, referencial e programação. A construção colaborativa e participativa dessas dimensões e marcos assegura que o PPP seja um documento robusto, inclusivo e eficaz, capaz de promover uma educação de qualidade, equitativa e transformadora. Convém enfatizar que a implementação bem-sucedida do PPP depende do envolvimento de toda a comunidade escolar e de um compromisso contínuo com a avaliação e a melhoria das práticas educacionais.

2.7 Cuidados na mobilização dos sujeitos e na elaboração do documento

A mobilização dos sujeitos na elaboração do Projeto Político-Pedagógico é ponto de partida para garantir que o documento reflita as necessidades e aspirações de toda a comunidade escolar. Estratégias eficazes de mobilização e engajamento são fundamentais para assegurar a participação ativa e o compromisso de gestores, professores, estudantes pais e membros da comunidade. Ferrari (2009, p. 167) destaca que "a participação ativa de todos os atores educacionais na definição dos objetivos do PPP assegura que o projeto seja representativo e legítimo". Para alcançar essa participação, é necessário desenvolver estratégias que promovam a inclusão e a valorização de todas as vozes envolvidas.

Uma das estratégias eficazes para a mobilização dos sujeitos é a realização de reuniões e *workshops* informativos, onde todos os membros da comunidade escolar possam entender a importância do PPP e como podem contribuir para sua elaboração. Segundo Maia e Costa (2006, p. 41), "a construção coletiva do PPP deve iniciar-se com um diagnóstico participativo, onde se identificam as necessidades e as potencialidades da escola". Essas atividades devem ser bem planejadas e organizadas para garantir que todos os participantes se sintam ouvidos e valorizados.

Outra estratégia importante é a formação de comissões ou grupos de trabalho que incluam representantes de todos os segmentos da comunidade escolar. Esses grupos podem se responsabilizar por diferentes aspectos do PPP, promovendo uma divisão equitativa das responsabilidades e assegurando que todas as perspectivas sejam consideradas. Veiga (2013, p. 36) afirma que "a elaboração do projeto político-pedagógico deve ser um processo coletivo, onde todos os envolvidos tenham voz e possam contribuir", assim, a criação desses grupos facilita a coordenação e a colaboração entre os diferentes atores educacionais.

Na elaboração do documento, é essencial adotar uma abordagem cuidadosa e meticulosa para garantir sua relevância e eficácia. Freire (1996,

p. 34) argumenta que "a prática educativa, como ação cultural, implica necessariamente uma postura crítica e reflexiva dos educadores", logo, a escrita do PPP deve ser um processo reflexivo e crítico, no qual cada decisão é cuidadosamente considerada e justificada com base em evidências e na experiência prática.

Um cuidado fundamental na elaboração do PPP é garantir a clareza e a precisão do documento. Ele deve ser escrito de maneira acessível, evitando jargões e termos técnicos que possam dificultar a compreensão por parte dos membros da comunidade escolar. Ferrari (2009, p. 169) destaca que "a clareza na elaboração do documento é essencial para que todos os envolvidos possam entender e se apropriar do PPP". Além disso, o documento deve ser organizado de forma lógica e coerente, facilitando a leitura e a consulta.

Outro aspecto elementar é a necessidade de revisar e validar o PPP com a comunidade escolar antes de sua implementação. Essa validação pode ser feita por meio de consultas públicas, assembleias escolares e reuniões de pais e professores. Maia e Costa (2006, p. 42) argumentam que "a validação do PPP pela comunidade escolar assegura que o documento seja um reflexo fiel das necessidades e aspirações de todos os envolvidos". Esse processo de validação promove a transparência e fortalece o compromisso da comunidade com o PPP.

Por fim, é importante garantir que o PPP seja um documento vivo e dinâmico, que possa ser revisado e atualizado conforme necessário. A educação é um campo em constante mudança, e o PPP deve ser capaz de responder a novas demandas e desafios. Veiga (2013, p. 34) ressalta que "a avaliação contínua e a revisão periódica do PPP são essenciais para garantir sua relevância e eficácia".

Portanto, a elaboração do PPP deve incluir mecanismos de monitoramento e avaliação que permitam ajustes e melhorias contínuas, assegurando que as práticas educacionais se mantenham alinhadas aos objetivos estabelecidos e às necessidades da comunidade escolar. Veiga (2013, p. 34) destaca que "a prática educativa, como ação cultural, implica necessariamente uma postura crítica e reflexiva dos educadores", o que reforça a importância do monitoramento contínuo. Um dos principais mecanismos de monitoramento é a formação de comissões internas compostas por representantes de todos os segmentos da escola, como gestores, professores, estudantes e pais. Essas comissões são responsáveis por acompanhar a implementação das ações previstas no PPP, realizando reuniões periódicas para discutir o progresso, identificar possíveis dificuldades e propor soluções. Além disso, a utilização de ferramentas de coleta de dados, como questionários, entrevistas e observações em sala de aula, permite uma análise detalhada e contínua das práticas pedagógicas e administrativas (Maia; Costa, 2006).

Outro mecanismo significativo é a realização de avaliações periódicas e sistemáticas do PPP em dias de trabalho coletivo, que devem ser planejadas e estruturadas de forma a garantir a participação de toda a comunidade escolar. Ferrari (2009, p. 170) afirma que "a avaliação contínua do PPP é essencial para garantir sua relevância e eficácia, permitindo ajustes e inovações conforme necessário". Logo, essas avaliações podem ser bimestrais, semestrais ou anuais, dependendo da necessidade e da dinâmica de cada escola. Durante o processo de avaliação, é importante considerar tanto os aspectos quantitativos quanto os qualitativos, analisando indicadores de desempenho acadêmico, índices de frequência e participação dos estudantes, bem como a satisfação dos diferentes atores envolvidos. A partir dos resultados obtidos, a escola pode elaborar relatórios detalhados que servirão de base para a revisão e atualização do PPP, promovendo a melhoria contínua das práticas educacionais e garantindo que o documento se mantenha relevante e eficaz.

2.8 Dicas e pontos de atenção na elaboração do PPP

A elaboração do Projeto Político-Pedagógico exige atenção a diversas boas práticas que podem facilitar o processo e assegurar a qualidade do documento. Entre as boas práticas destacam-se a **clareza na definição dos objetivos**, a **inclusão de todos os atores educacionais** e a **flexibilidade para ajustes contínuos**. Veiga (2013, p. 28) ressalta que "a clareza na definição dos objetivos do PPP é crucial para orientar todas as práticas pedagógicas e administrativas da escola". Definir objetivos claros e específicos facilita a implementação das ações e a avaliação dos resultados.

Outra boa prática é a inclusão de todos os atores educacionais na elaboração do PPP. A participação de gestores, professores, estudantes, pais e membros da comunidade é essencial para garantir que o documento reflita a diversidade de perspectivas e necessidades da comunidade escolar. Ferrari (2009, p. 167) afirma que "a participação ativa de todos os atores educacionais na definição dos objetivos do PPP assegura que o projeto seja representativo e legítimo". A inclusão promove a corresponsabilidade e fortalece o compromisso e engajamento de todos com o sucesso do PPP.

A flexibilidade é também uma característica importante de um bom PPP. O documento deve ser capaz de se adaptar às mudanças e aos novos desafios que possam surgir no contexto educacional. Freire (1996, p. 34) argumenta que "a prática educativa deve ser dinâmica e aberta a novas possibilidades, comprometida com a transformação da realidade social" e, nesse sentido, o PPP deve incluir mecanismos de revisão e atualização periódica, permitindo ajustes conforme necessário.

Mas alguns erros podem ser cometidos, e fazem parte do processo de aprendizagem de gestão ou institucional, como os listados na Figura 20.

Figura 20 – Erros mais comuns quanto ao PPP

12 erros clássicos do PPP para evitar	
1) Tratar o PPP como burocracia	7) Definir uma missão que não é clara ou não tem a ver com o restante do PPP
2) Copiar um modelo pronto ou até terceirizar o processo, encomendando o PPP para consultores externos	8) Buscar um PPP que evite discordâncias
3) Desistir da ideia de participação quando os prazos apertam	9) Usar uma linguagem muito técnica na redação do documento
4) Fazer debates apenas para constar na ata de reunião	10) Não apresentar o PPP a quem chega no meio do processo
5) Fazer uma caracterização abstrata das famílias e do entorno escolar	11) Apenas mencionar o protagonismo juvenil
6) Construir um PPP sem alinhamento às diretrizes oficiais	12) Manter um documento que não acompanha as mudanças da escola

Fonte: adaptado de Simão (2019)

Um erro comum a ser evitado na elaboração do PPP é a utilização de uma linguagem técnica e complexa, que possa dificultar a compreensão por parte da comunidade escolar. O documento deve ser escrito de maneira acessível e clara, facilitando a leitura e a apropriação por todos os envolvidos. Maia e Costa (2006, p. 41) destacam que "a clareza e a simplicidade na redação do PPP são essenciais para garantir que o documento seja compreendido e utilizado por toda a comunidade escolar".

Outro erro a ser evitado é a elaboração do PPP de forma isolada, sem a participação efetiva da comunidade escolar. A falta de envolvimento dos diferentes atores educacionais pode resultar em um documento que não reflita as reais necessidades e expectativas da escola. Veiga (2013, p. 36) enfatiza que "a elaboração do projeto político-pedagógico deve ser um processo coletivo, onde todos os envolvidos tenham voz e possam contribuir". A participação é fundamental para garantir a representatividade e a legitimidade do PPP.

A importância da avaliação contínua e da revisão periódica do PPP não pode ser subestimada. A avaliação permite monitorar o progresso e identificar áreas que necessitam de melhorias, garantindo que o PPP se mantenha relevante e eficaz. Ferrari (2009, p. 170) destaca que "a avaliação contínua do PPP é essencial para garantir sua relevância e eficácia, permitindo ajustes e inovações conforme necessário". A revisão periódica promove a reflexão crítica e a melhoria contínua das práticas escolares.

Além disso, é importante considerar o contexto específico de cada escola ao elaborar o PPP. Cada instituição possui suas particularidades culturais, sociais e econômicas que devem ser refletidas no documento. Freire (1996, p. 34) argumenta que "a prática educativa deve ser contextualizada, considerando as especificidades de cada realidade social". A contextualização garante que o PPP seja um documento vivo e dinâmico, capaz de responder às necessidades específicas da comunidade escolar.

Tecendo considerações

O Projeto Político-Pedagógico se configura como um instrumento central na gestão educacional, promovendo a democratização, a participação e a qualidade no âmbito escolar. Desde a sua institucionalização pela Lei de Diretrizes e Bases da Educação Nacional em 1996, o PPP tem sido um componente essencial para a construção de uma identidade escolar e para a promoção de uma educação inclusiva e equitativa. Esse compromisso coletivo tem sido fundamental para a evolução e a melhoria da qualidade da educação nas escolas brasileiras. O PPP é mais do que um documento administrativo; é um reflexo do compromisso da escola com a formação integral dos estudantes e determinado modelo de sociedade.

A trajetória histórica do PPP no Brasil é marcada pela busca por uma gestão escolar mais democrática e participativa. A redemocratização do país e as reformas educacionais das últimas décadas trouxeram a necessidade de uma maior autonomia das escolas e da valorização da participação da comunidade escolar na tomada de decisões. As unidades escolares que adotaram essa abordagem têm colhido resultados positivos, com maior engajamento dos diversos atores educacionais e uma gestão mais transparente e eficiente. Contudo, o processo de construção e implementação do PPP não está isento de desafios. A mobilização e o engajamento contínuos de todos os membros da comunidade escolar demandam esforços significativos e, muitas vezes, enfrentam resistências culturais e estruturais.

Os princípios norteadores do PPP, como a democratização, a participação e a qualidade, têm sido fundamentais para a construção de uma educação mais inclusiva e contextualizada. As escolas que internalizaram esses princípios em seus PPPs têm conseguido promover uma educação que valoriza a diversidade e que busca a formação integral dos estudantes. A construção coletiva do PPP tem permitido que as escolas se tornem espaços de diálogo e de inovação pedagógica. Entretanto, a efetivação desses princípios requer um compromisso contínuo com a capacitação dos educadores e a conscientização dos demais atores escolares sobre a importância de sua participação ativa.

A elaboração e a implementação do PPP também têm proporcionado importantes aprendizados para as unidades escolares. A participação ativa da comunidade escolar na sua construção tem promovido um maior sentido de pertencimento e de corresponsabilidade entre os diversos atores educacionais. Outrossim, a prática de uma avaliação contínua e de uma revisão periódica do PPP tem permitido que as escolas façam ajustes necessários e promovam inovações que melhorem a qualidade do ensino e a gestão escolar. No entanto, a avaliação contínua exige a implementação de sistemas de monitoramento eficazes, o que pode representar um desafio logístico e técnico significativo para muitas escolas.

A articulação entre o PPP e a Base Nacional Comum Curricular é fundamental para garantir que as práticas pedagógicas estejam alinhadas às diretrizes nacionais e locais. A BNCC estabelece os direitos e objetivos de aprendizagem e desenvolvimento que todos os estudantes devem alcançar ao longo da educação básica, servindo como um guia para a construção dos currículos escolares. A integração do PPP com a BNCC permite que as escolas contextualizem e adaptem essas diretrizes às suas realidades específicas, garantindo uma educação relevante e significativa. Contudo, essa articulação não está isenta de desafios, especialmente no que tange à coerência entre as propostas curriculares locais e as demandas nacionais.

A implementação da BNCC no âmbito do PPP requer uma análise cuidadosa das necessidades e características da comunidade escolar. O PPP deve refletir as diretrizes da Base, mas também considerar as particularidades locais, culturais e socioeconômicas de cada escola. Essa articulação entre o PPP e a Base fortalece a autonomia das escolas, permitindo que elas desenvolvam currículos que não apenas atendam às exigências nacionais, mas que também sejam capazes de responder às demandas específicas de seus estudantes e comunidades. No entanto, essa integração exige um esforço contínuo de formação e capacitação dos educadores, além de um sistema de avaliação que considere tanto os objetivos nacionais quanto as especificidades locais.

Em suma, o Projeto Político-Pedagógico tem se mostrado um instrumento vital para a promoção de uma educação de qualidade, democrática e inclusiva no Brasil. As experiências das unidades escolares desde o final da década de 1990 demonstram que a elaboração e a implementação do PPP, quando realizadas de forma participativa e reflexiva, podem resultar em práticas educativas mais eficazes e em uma gestão escolar mais transparente e eficiente. As perspectivas futuras apontam para a necessidade de continuar fortalecendo a participação da comunidade escolar e de promover uma avaliação contínua do PPP, garantindo que ele se mantenha relevante e eficaz diante dos desafios educacionais contemporâneos.

3

ARTICULAÇÃO ENTRE BNCC E PPP: DESAFIOS, CONTRADIÇÕES E PERSPECTIVAS

Introdução

A articulação entre a Base Nacional Comum Curricular e o Projeto Político-Pedagógico constitui um dos maiores desafios para a gestão escolar contemporânea, especialmente diante das incompatibilidades e tensões que surgem nesse processo. A BNCC, como documento normativo de caráter nacional, estabelece diretrizes e competências que devem ser desenvolvidas em todas as escolas do país, públicas e privadas, visando à padronização e à garantia de uma educação comum a todos os brasileiros. No entanto, essa padronização frequentemente esbarra nas especificidades locais e nas particularidades de cada instituição de ensino, que são expressas por meio do PPP. Este, por sua vez, é um documento que reflete a identidade, os valores e as necessidades de cada comunidade escolar, construído de forma coletiva e democrática, e que visa a autonomia da escola na definição de suas práticas pedagógicas. Essa dicotomia entre o caráter normativo da Base e a natureza contextualizada do PPP gera um campo de tensão que precisa ser cuidadosamente administrado.

Essas tensões entre BNCC e PPP não são meramente teóricas, mas se manifestam concretamente no cotidiano das escolas, influenciando desde o planejamento pedagógico até a execução das atividades em sala de aula. De um lado, a Base traz uma visão tecnicista e reguladora, que pode limitar a criatividade dos professores e a adaptação do currículo às realidades locais, conforme discutido por Galian, Pietri e Sasseron (2020). De outro, o PPP busca preservar a autonomia escolar, garantindo que a educação oferecida seja pertinente às especificidades de cada comunidade. Veiga (2013) argumenta que a gestão democrática, mediada pelo PPP, é essencial para a construção de uma educação que promova a equidade e a inclusão, aspectos que nem sempre são contemplados de maneira adequada na BNCC. A relação entre esses dois documentos, portanto, precisa ser mediada de forma a minimizar os conflitos e maximizar as possibilidades de uma educação contextualizada e relevante.

Nesse contexto, a gestão democrática e participativa emerge como um princípio fundamental para que a integração entre a BNCC e o PPP seja bem-sucedida. A participação ativa de todos os segmentos da comunidade escolar — gestores, professores, servidores administrativos, estudantes e famílias — é basilar para garantir que o PPP não apenas reflita as diretrizes da BNCC, mas também incorpore as vozes e demandas da comunidade. Veiga (2013) explica que a gestão democrática possibilita uma maior coesão entre o currículo oficial e o currículo real, promovendo a inclusão e a equidade. Essa abordagem participativa permite que as escolas adaptem as diretrizes nacionais às suas realidades locais, mantendo a autonomia necessária para desenvolver práticas pedagógicas que atendam às necessidades específicas de seus estudantes e respeitando a pluralidade do trabalho docente. Além disso, a gestão democrática fortalece o compromisso coletivo com os objetivos educacionais, tornando o PPP um instrumento efetivo de transformação social.

Diante desses desafios, é imperativo que as unidades escolares, gestores e professores busquem caminhos possíveis para a articulação entre a BNCC e o PPP, de maneira que um documento complemente o outro, ao invés de se contraporem. A construção de um currículo que contemple tanto as diretrizes nacionais quanto as necessidades locais requer uma abordagem crítica e reflexiva, fundamentada na gestão democrática e na participação ativa de toda a comunidade escolar. Cabral Neto e Silva (2004) destacam que a participação coletiva na elaboração, execução e avaliação do PPP é fundamental para que ele não se torne um mero instrumento burocrático, mas um guia real para que os objetivos pedagógicos sejam alcançados. Assim, este capítulo se propõe a discutir as incompatibilidades entre BNCC e PPP, mas também a explorar os caminhos possíveis para a sua integração, com base em práticas de gestão democrática e na autonomia das escolas. A partir desta reflexão, busca-se oferecer subsídios teóricos e práticos para que os educadores possam enfrentar esses desafios e construir uma educação que seja, ao mesmo tempo, de qualidade e socialmente justa.

3.1 A materialização da BNCC no cotidiano escolar

A integração entre a BNCC e o PPP é um dos maiores desafios enfrentados pelas escolas na atualidade, especialmente no que diz respeito à aplicação prática das diretrizes nacionais no cotidiano escolar. Para que essa articulação seja efetiva, é necessário um conjunto de passos e estratégias que garantam a adaptação das normas gerais às particularidades de cada comunidade escolar, promovendo uma educação contextualizada e significativa. Este tópico se propõe a explorar os caminhos e as etapas fundamentais para que a BNCC seja implementada de maneira eficaz por meio do PPP, destacando a importância de uma gestão democrática, da formação continuada dos educadores e de uma avaliação participativa que permita a constante revisão e aprimoramento das práticas pedagógicas. A partir desta reflexão, busca-se oferecer uma perspectiva para as escolas que desejam transformar as diretrizes da BNCC em ações pedagógicas que realmente atendam às necessidades e potencialidades dos seus estudantes.

3.1.1 A BNCC como documento orientador do currículo oficial e a sua aplicação na realidade das escolas

A Base Nacional Comum Curricular foi concebida como um documento normativo para orientar o currículo oficial em todas as escolas do Brasil, definindo as competências e habilidades que devem ser desenvolvidas ao longo da educação básica. Ela estabelece uma referência comum que visa a garantir a equidade educacional, proporcionando a todos os estudantes o direito de aprender o que é considerado essencial para o pleno desenvolvimento, o exercício da cidadania e a inserção no mundo do trabalho. Nesse sentido, a BNCC atua como um norteador do processo pedagógico, influenciando diretamente a formulação dos currículos escolares e as práticas de ensino, ou seja, o currículo real e o currículo oculto. Conforme expresso na própria BNCC, "o documento busca promover a articulação e a padronização dos currículos em todas as escolas do país, assegurando uma formação básica comum a todos os estudantes" (Brasil, 2018).

No entanto, a aplicação da BNCC na realidade das escolas brasileiras não é um processo simples ou linear. Cada unidade escolar tem suas particularidades, refletidas em seu Projeto Político-Pedagógico, que deve dialogar com as diretrizes da Base sem perder de vista as especificidades locais. O PPP é o documento que expressa a identidade da escola, elaborado coletivamente pela comunidade escolar, e que deve ser compatibilizado com a BNCC. Esse processo exige uma interpretação contextualizada das orientações da norma nacional, por meio da qual as escolas não apenas apliquem as normas de forma mecânica, mas as adaptem às realidades culturais, sociais e econômicas de seus estudantes.

De acordo com Veiga (2013), a construção do currículo deve ser um ato democrático e participativo, em que a escola tem a autonomia de adaptar as diretrizes nacionais à sua realidade local, sem perder de vista o objetivo de garantir uma educação de qualidade para todos. Logo, o currículo oficial, tal como previsto pela BNCC, deve ser considerado um ponto de partida, e não um ponto de chegada, para as práticas pedagógicas nas escolas. A partir das diretrizes estabelecidas no documento, cabe às escolas desenvolverem um currículo que seja ao mesmo tempo relevante e significativo para seus discentes. Isso implica em considerar o contexto local, as necessidades e os interesses dos estudantes, assim como as características e os recursos disponíveis na comunidade. Veiga (2013) reforça que o PPP deve ser compreendido como um instrumento essencial para a autonomia da escola, permitindo que a instituição educativa defina suas diretrizes pedagógicas de forma independente e alinhada às necessidades da comunidade escolar. Assim, o PPP torna-se um documento estruturante para a efetiva materialização da BNCC no cotidiano escolar, possibilitando que as diretrizes nacionais sejam traduzidas em práticas pedagógicas que dialoguem com a realidade dos professores e estudantes.

Essa articulação entre BNCC e PPP não deve ser vista como uma tarefa puramente técnica, mas como um processo político e pedagógico, que envolve a participação ativa de todos os atores escolares. A gestão democrática é, nesse sentido, um princípio essencial para garantir que essa integração ocorra de maneira eficaz. De acordo com a Constituição Federal (Brasil, 1988), a gestão democrática do ensino público deve ser assegurada, o que implica na participação da comunidade escolar na elaboração, implementação e avaliação de sua proposta pedagógica. Cabral Neto e Silva (2004) destacam que a participação coletiva na elaboração, execução e avaliação do PPP é fundamental para que ele não se torne um mero instrumento burocrático, mas um guia real para a prática pedagógica. Assim, a materialização da BNCC no cotidiano escolar depende diretamente do engajamento coletivo e da capacidade da escola de adaptar as diretrizes nacionais às suas especificidades locais. Sobre os tipos de participação, no Quadro 9 podemos identificar:

Quadro 9 – Modelos possíveis de participação no processo de gestão da escola

Participação	Conceito
– Restrita	Ocorre quando os segmentos sociais ou representantes da comunidade escolar têm uma voz limitada e pouco envolvimento nas discussões. Sua atuação é muitas vezes passiva, com escassa intervenção nas decisões. Essa forma de participação é marcada pela dificuldade de os participantes acessarem informações ou se envolverem ativamente nos processos decisórios, o que reduz sua capacidade de influenciar significativamente as ações da escola.
– Tutelada	Nesse modelo, representantes de segmentos da direção escolar participam das discussões, mas sem autonomia decisória. Embora estejam fisicamente presentes, sua função principal é representar interesses da administração, funcionando como "olhos do governo" e inserindo as discussões em uma esfera política. Esse tipo de participação limita a independência e a possibilidade de contribuição autêntica desses representantes, gerando um processo de subordinação e obediência às diretrizes administrativas.
– Funcional	Aqui, a participação está vinculada às funções ou papéis exercidos pelos representantes no contexto educacional. Professores, diretores e demais profissionais da educação se envolvem, mas muitas vezes focam suas contribuições em questões operacionais ou problemas específicos do cotidiano escolar. Essa abordagem funcional limita a visão sistêmica e estratégica da educação, uma vez que as preocupações imediatas da escola podem ofuscar discussões mais amplas sobre a gestão escolar e a implementação do PPP e BNCC.
– Democrática	Essa forma de participação implica a atuação de todos os segmentos da comunidade escolar de maneira igualitária e colaborativa, com poder de decisão real. A gestão democrática valoriza a transparência, o pluralismo e a autonomia, criando um espaço onde todos têm a oportunidade de contribuir de maneira significativa. O processo de construção e revisão do PPP, quando conduzido democraticamente, reflete as demandas e especificidades da comunidade, fortalecendo a coesão e promovendo uma articulação mais eficaz entre o currículo oficial (BNCC) e as práticas pedagógicas reais.

Fonte: adaptado e ampliado de Alves (2011, 2024)

Em análise do Quadro 9, a participação no processo de articulação entre a BNCC e o PPP pode assumir diferentes formas, variando entre o grau de poder decisório e a qualidade da contribuição dos envolvidos. A participação restrita, comum entre os segmentos sociais menos integrados ao contexto escolar, é caracterizada por uma atuação tímida e limitada, na qual há pouca intervenção nas decisões que afetam diretamente a escola. Isso reflete uma ausência de integração entre as demandas da comunidade e o planejamento escolar, levando a uma desconexão entre o currículo oficial e a realidade vivida pelos estudantes e suas famílias.

A participação tutelada e funcional, por outro lado, representa um modelo em que o envolvimento se dá de maneira subordinada e vinculado a funções administrativas ou pedagógicas. No primeiro caso, os representantes da direção atuam como mediadores das diretrizes governamentais, sem poder efetivo de decisão, enquanto no segundo, os profissionais da educação focam suas contribuições em questões práticas e operacionais do cotidiano escolar. Embora ambos os modelos permitam algum nível de envolvimento, eles restringem a autonomia e a capacidade de inovação dos participantes, o que pode limitar a efetividade da implementação do PPP e da BNCC.

A participação democrática, contudo, emerge como a forma ideal de atuação, onde todos os segmentos da comunidade escolar — gestores, professores, estudantes e familiares — têm voz ativa e real poder de decisão. Ao promover um ambiente inclusivo e transparente, a gestão democrática fortalece a coesão entre o PPP e a BNCC, assegurando que as práticas pedagógicas sejam alinhadas às necessidades da comunidade e que todos os envolvidos se sintam parte do processo educacional. Essa abordagem não apenas legitima o PPP como um documento construído coletivamente, mas também garante uma educação mais equitativa e significativa para todos os estudantes.

Visto o exposto, a BNCC, como documento orientador do currículo oficial, deve ser compreendida não apenas como um conjunto de normas, mas como uma ferramenta que, se bem utilizada, pode contribuir para a construção de uma educação mais equitativa e inclusiva. No entanto, para que isso ocorra, é necessário que as escolas tenham autonomia para adaptar essas diretrizes às suas realidades, e que esse processo seja conduzido de forma democrática e participativa. A articulação entre BNCC e PPP, nesse sentido, é um processo dinâmico e contínuo, que requer reflexão crítica e constante avaliação, para que o currículo escolar possa realmente atender às necessidades dos estudantes e promover uma educação de qualidade. Um desafio de destaque trata-se em como avançar de modelos de participação restrita, tutelada e funcional para uma participação democrática de fato.

3.1.2 Desafios na implementação da BNCC e a adaptação às especificidades locais

A implementação da BNCC nas escolas brasileiras apresenta inúmeros desafios, especialmente quando se considera a diversidade social, cultural e econômica existente no país. Um dos principais desafios é a padronização exigida pela BNCC, que, embora tenha como objetivo promover a equidade educacional, muitas vezes entra em conflito com as especificidades locais e as necessidades individuais dos estudantes. As escolas, em sua diversidade, enfrentam realidades muito distintas que nem sempre são contempladas de forma adequada pelas diretrizes gerais da Base. Essa tensão entre o universal e o particular torna a implementação da BNCC um processo complexo, que exige uma capacidade de adaptação e flexibilidade por parte das escolas e dos gestores educacionais.

Um dos desafios centrais é a **capacitação dos professores e gestores escolares** para interpretar e aplicar a BNCC, de maneira que ela respeite e valorize as especificidades locais. A formação continuada dos profissionais da educação é, portanto, essencial para que a Base possa ser implementada e cumpra seus objetivos. No entanto, essa formação nem sempre é oferecida de maneira adequada ou suficiente, o que compromete a capacidade das escolas de adaptarem as diretrizes nacionais às suas realidades. Veiga (2013) ressalta que a formação continuada na escola permite o planejamento formativo baseado nas necessidades dos estudantes e de todo o ambiente escolar e que os professores participem da definição de suas próprias necessidades de aprendizagem e desenvolvimento. A falta de uma formação adequada pode levar a uma implementação superficial da BNCC, na qual as diretrizes são aplicadas de forma mecânica e descontextualizada.

Além disso, a **infraestrutura das escolas e os recursos disponíveis** também constituem desafios significativos para a implementação da BNCC. Muitas escolas, especialmente em áreas rurais ou em regiões menos favorecidas, enfrentam limitações graves em termos de infraestrutura, materiais didáticos e acesso a tecnologias, o que dificulta a aplicação das diretrizes propostas pela Base. Nascimento, Nascimento e Lima (2020) afirmam que para que o PPP seja efetivamente implementado, é essencial que ele contemple a realidade local da escola, suas especificidades e as necessidades da comunidade, alinhando-se aos princípios estabelecidos pela legislação educacional, como a BNCC. Nesse sentido, a falta de recursos e/ou estrutura adequados pode comprometer a capacidade das escolas de realizar uma adaptação da BNCC às suas particularidades.

Outro desafio é a **resistência à mudança**, que pode ser observada tanto entre professores quanto entre gestores e outros membros da comunidade escolar. A BNCC introduz novas diretrizes e competências que, em muitos casos, representam uma ruptura com as práticas pedagógicas tradicionais. Essa mudança pode gerar insegurança e resistência por parte dos profissionais da educação, que podem se sentir despreparados ou desmotivados para implementar as novas diretrizes. Veiga (2013) argumenta que a gestão democrática é um princípio consagrado pela Constituição vigente e abrange as dimensões pedagógicas, administrativas e financeiras. Nesse contexto, é essencial que a implementação da BNCC seja acompanhada de uma gestão escolar que promova o diálogo e a participação de todos os atores envolvidos, de modo a superar as resistências e garantir uma transição suave para as novas práticas pedagógicas.

Logo, a **avaliação contínua e reflexiva** é fundamental para enfrentar os desafios da implementação da BNCC. As escolas precisam desenvolver mecanismos de avaliação que permitam monitorar o progresso na aplicação das diretrizes e identificar áreas que necessitam de ajustes. Cabral Neto e Silva (2004) destacam que a avaliação contínua e participativa do Projeto Político-Pedagógico é uma possibilidade para ajustar as práticas pedagógicas às necessidades reais da escola e promover uma educação de qualidade, o que implica que a avaliação deva ser entendida como um processo contínuo, dinâmico e coletivo, que envolva todos os membros da comunidade escolar e que busque garantir que a implementação da BNCC seja efetiva e relevante para a realidade local.

3.1.3 Reflexões sobre a integração do currículo oficial com o currículo real e o currículo oculto

Inicialmente na perspectiva adotada neste trabalho, **currículo**, conforme Moreira e Vieira (2010), é entendido como o conjunto articulado de experiências escolares que se desdobram em torno do conhecimento, das relações sociais e culturais, visando a formação integral dos estudantes. Segundo esses autores, o currículo corresponde, então, ao coletivo de esforços pedagógicos que são intencionalmente planejados e desenvolvidos com propósitos educativos.

Nesse contexto, a implementação da BNCC nas escolas exige uma reflexão crítica sobre a integração entre o currículo oficial, o currículo real e o currículo oculto. O **currículo oficial**, conforme estabelecido pela Base[6], representa as diretrizes normativas e as competências que devem ser desenvolvidas pelos estudantes ao longo da educação básica. No entanto, o currículo oficial é apenas uma parte do processo educacional, sendo necessário considerá-lo em conjunto com o currículo real e o currículo oculto para compreender plenamente o impacto das práticas pedagógicas na formação dos estudantes.

O **currículo real** refere-se às práticas pedagógicas efetivamente realizadas nas salas de aula, que podem diferir significativamente do que é prescrito pelo currículo oficial. Essa diferença ocorre devido a uma série de fatores, incluindo as interpretações dos professores, as condições de ensino, a dinâmica da sala de aula e as necessidades específicas dos estudantes. Galian, Pietri e Sasseron (2020) afirmam que o discurso regulador presente na BNCC privilegia uma visão tecnicista da educação, na qual o papel do professor é cada vez mais limitado a seguir diretrizes rígidas, diminuindo sua capacidade de inovar e adaptar o ensino às necessidades específicas dos discentes. Assim, enquanto a BNCC oferece um guia para o currículo oficial, é o currículo real que muitas vezes determina a experiência educacional concreta estudantil.

O **currículo oculto**, por sua vez, refere-se aos valores, atitudes e comportamentos que são transmitidos de maneira implícita nas interações escolares, mas que não estão formalmente incluídos no currículo oficial. Esses elementos do currículo oculto podem ter um impacto profundo na formação dos estudantes, influenciando suas percepções de mundo, suas relações interpessoais e sua visão de si mesmos. Veiga (2003) destaca que a inovação regulatória ou técnica tem suas bases epistemológicas assentadas no caráter regulador e normativo da ciência conservadora, caracterizada pela observação descomprometida, pela certeza ordenada e pela quantificação dos fenômenos. Nesse sentido, a implementação da BNCC deve considerar não apenas o currículo oficial, mas também o impacto do currículo oculto, garantindo que as práticas pedagógicas promovam uma formação integral e crítica dos educandos.

---

[6] Nesse contexto, é pertinente salientar que os mentores da BNCC apregoam que ela não é o currículo em todas as suas dimensões, sendo uma parte deste. A Base deve ser vista como o documento por meio do qual o currículo escolar se orienta e se estrutura, cuidando, por meio do PPP, para que haja articulação, coerência e coesão entre as demandas nacionais e locais.

A integração entre esses três níveis de currículo — oficial, real e oculto — é essencial para que a educação oferecida seja coerente e significativa. Para isso, é necessário que as escolas desenvolvam uma visão holística do currículo, que não se limite à aplicação mecânica das diretrizes da BNCC, mas que considere as práticas pedagógicas em sua totalidade. O PPP, nesse contexto, desempenha um papel central ao articular esses diferentes níveis de currículo e ao garantir que a educação oferecida seja realmente transformadora. Veiga (2013) argumenta que o PPP deve ser um documento vivo, dinâmico, que se atualiza constantemente de acordo com as necessidades e desafios enfrentados pela escola. Assim, não é só um documento formal, mas deve ser utilizado como um instrumento para integrar o currículo oficial, o real e o oculto, assegurando que todos os aspectos da formação dos estudantes sejam considerados.

Essa reflexão sobre a integração dos diferentes níveis de currículo também exige uma avaliação contínua e participativa das práticas pedagógicas. A avaliação deve ser entendida como um processo que envolve todos os membros da comunidade escolar e que busca garantir a coerência entre o currículo oficial, real e oculto. Cabral Neto e Silva (2004) destacam que a participação dos técnicos e docentes na elaboração e execução do Projeto Político-Pedagógico é fundamental para que esse documento se torne um guia real para a prática pedagógica e não apenas um elemento burocrático. A partir dessa perspectiva, a avaliação se torna um mecanismo basilar para ajustar as práticas pedagógicas e garantir que o currículo oficial, real e oculto estejam alinhados, promovendo uma educação de qualidade e socialmente justa.

Nessa abordagem, é importante ressaltar que a integração entre o currículo oficial, real e oculto não é um processo estático, mas dinâmico e contínuo. A gestão escolar deve estar atenta às mudanças e aos desafios que surgem no cotidiano escolar, adaptando o PPP e as práticas pedagógicas de acordo com as necessidades dos estudantes e da comunidade. Essa forma flexível e reflexiva é fundamental para que a educação oferecida seja capaz de responder às demandas sociais e contribuir para a formação de cidadãos críticos e conscientes.

3.1.4 Os caminhos e passos importantes para a implementação da BNCC por meio do PPP

A integração entre a BNCC e o PPP requer uma série de passos estratégicos que assegurem a aplicação efetiva das diretrizes nacionais no contexto específico de cada escola. A seguir, na Figura 21, listados dez caminhos ou passos importantes para a implementação da BNCC por meio do PPP:

Figura 21 – Caminhos e possibilidades de articulação entre BNCC e PPP

1	Leitura crítica e coletiva da BNCC	6	Planejamento pedagógico coletivo
2	Diagnóstico da realidade escolar	7	Desenvolvimento de metodologias ativas
3	Formação continuada dos professores	8	Avaliação contínua e participativa
4	Revisão e atualização dos PPPs	9	Promoção da gestão democrática
5	Articulação entre currículo oficial, real e oculto	10	Acompanhamento e reflexão crítica e propositiva

Fonte: elaboração própria

Na continuidade, consta a explicação detalhada de cada item presente na figura anterior, de forma a ampliar a compreensão destes e refletir sobre as possibilidades e desafios no processo de articulação entre a BNCC e o PPP.

1. **Leitura crítica e coletiva da BNCC**: a leitura crítica e coletiva da BNCC por parte da comunidade escolar é um passo fundamental para garantir que suas diretrizes sejam compreendidas e adequadamente aplicadas ao contexto local da escola. Esse processo de interpretação coletiva permite que todos os segmentos envolvidos — gestores, professores, estudantes e suas famílias — desenvolvam uma visão compartilhada sobre as expectativas e metas que a Base estabelece. A construção desse entendimento coletivo é importante não apenas para a implementação das competências e habilidades previstas, mas também para o fortalecimento da coesão e da responsabilidade coletiva em torno da proposta pedagógica da escola. Quando todos os envolvidos se apropriam dos princípios da BNCC de maneira crítica e contextualizada, a adaptação das diretrizes à realidade escolar torna-se mais consistente, resultando em práticas pedagógicas mais relevantes

e significativas. Nos estudos de políticas educacionais, há uma máxima que não pode ser negligenciada: antes de se complementar com análises externas ou comentários acadêmicos, é preciso primeiro estudar minuciosamente o documento original. Esse princípio se aplica diretamente à BNCC. Antes de recorrer a interpretações de analistas ou comentadores, é imprescindível que a comunidade escolar faça uma leitura cuidadosa e detalhada do próprio texto da Base. Isso garante que o grupo desenvolva uma interpretação genuína e própria, livre de influências que possam enviesar o processo de implementação. Somente depois de internalizar o conteúdo oficial do documento, a comunidade escolar pode enriquecer sua compreensão com análises e críticas de especialistas, que irão complementar a visão já formada e ajudar a ajustar a implementação à luz das melhores práticas e reflexões acadêmicas. Dessa forma, a apropriação da norma ocorre de maneira ativa, com base em uma análise criteriosa, e a posterior inserção dos comentadores serve para ampliar e refinar essa compreensão inicial, e não para substituí-la.

2. **Diagnóstico da realidade escolar:** o diagnóstico da realidade escolar é um passo indispensável antes da elaboração ou revisão do Projeto Político-Pedagógico, pois permite que as diretrizes da BNCC sejam adequadamente ajustadas às especificidades de cada comunidade escolar. Esse diagnóstico deve ser profundo e abranger múltiplas dimensões da realidade, como as condições socioeconômicas dos estudantes, a diversidade cultural presente na comunidade, o perfil do professorado, o modelo de gestão e a infraestrutura disponível na escola. Ao se debruçar sobre essas variáveis, a escola pode identificar não apenas as suas limitações, mas também suas potencialidades, o que possibilita a criação de estratégias pedagógicas mais contextualizadas e efetivas. O resultado desse processo de investigação é um PPP que, em vez de ser um documento burocrático, torna-se um reflexo das demandas e características da comunidade escolar, oferecendo um direcionamento prático e coerente para a ação pedagógica. O uso do quadro Forças, Oportunidades, Fraquezas e Ameaças (Fofa), apresentado no segundo capítulo, pode ser uma ferramenta útil para esse diagnóstico. Essa metodologia permite uma

análise abrangente, auxiliando a escola a identificar suas forças e oportunidades, que podem ser potencializadas no processo de ensino, ao mesmo tempo que reconhece suas fraquezas e ameaças, que precisam ser enfrentadas ou minimizadas. Com essa ferramenta, a escola consegue ter uma visão sistêmica e estratégica de sua realidade, o que favorece a elaboração de um PPP mais robusto e alinhado às diretrizes da BNCC. Além disso, a utilização do Fofa promove uma reflexão coletiva, envolvendo diferentes atores da comunidade escolar, e contribui para o fortalecimento da gestão democrática, uma vez que as decisões sobre o PPP são fundamentadas em dados reais e construídas de forma colaborativa.

3. **Formação continuada dos professores**: essa é uma das condições essenciais para garantir a implementação eficaz da BNCC nas escolas. Sem a devida capacitação, os docentes podem ter dificuldades em interpretar e aplicar as novas competências e habilidades propostas pelo documento normativo. A formação continuada, portanto, não deve ser vista como um evento pontual, restrito a cursos esporádicos ou treinamentos externos. Ao contrário, deve ser parte integrante do cotidiano escolar, sendo oferecida de maneira contínua e sistemática. Nesse processo, é importante que os professores não sejam apenas receptores passivos de informações, mas que participem ativamente da construção de práticas pedagógicas que dialoguem com a realidade da escola e as necessidades de seus estudantes. A formação continuada deve contemplar tanto os aspectos teóricos quanto práticos da BNCC, ajudando os professores a desenvolverem metodologias ativas e inovadoras, além de reforçar o compromisso com a educação inclusiva e o desenvolvimento integral dos estudantes. A formação dentro da própria escola surge, nesse contexto, como uma alternativa mais eficaz e significativa. Almeida e Placco (2015) destacam a importância de investir no papel da coordenação pedagógica, que deve atuar como **articuladora, formadora e transformadora** das práticas docentes. A formação realizada no ambiente escolar promove um maior envolvimento dos professores, pois é contextualizada nas reais necessidades e desafios da escola. Além disso, a coordenação pedagógica, ao assumir

um papel central nesse processo, contribui para a construção de uma cultura de aprendizagem colaborativa, por meio do qual os docentes compartilham experiências e constroem soluções em conjunto. Esse processo também possibilita um acompanhamento mais próximo do desenvolvimento das práticas pedagógicas e oferece uma oportunidade contínua de reflexão crítica sobre as estratégias adotadas. Dessa forma, a formação de professores deixa de ser um evento isolado e se transforma em um processo contínuo de aprimoramento, que está diretamente conectado ao dia a dia escolar e às demandas específicas de cada comunidade.

4. **Revisão e atualização do PPP**: a revisão e atualização do Projeto Político-Pedagógico devem ser entendidas como um processo contínuo e dinâmico, realizado com base na leitura crítica da BNCC e em um diagnóstico profundo da realidade escolar. Esse processo não pode ser meramente burocrático ou isolado, devendo refletir as mudanças e adaptações necessárias para que o PPP se alinhe aos novos parâmetros educacionais sem perder de vista as especificidades da comunidade escolar. A revisão do PPP, logo, precisa incorporar as novas competências e habilidades previstas pela BNCC, ajustando-as às condições socioeconômicas, culturais e estruturais da escola. Nesse sentido, a participação ativa de todos os atores envolvidos — professores, estudantes, pais, gestores e demais funcionários — é essencial para que o PPP represente um documento legítimo e verdadeiramente democrático. A Resolução n.º 15/2019, aprovada pelo Conselho Municipal de Educação de São Luís de Montes Belos, Goiás, como exemplo exposto no Quadro 5, apresenta uma organização interessante para a revisão e atualização do PPP. Essa resolução considera a dinâmica processual de atualização do PPP, propondo uma configuração que fortalece o papel da gestão democrática e participativa. Por meio dessa organização, a revisão do PPP não é vista como um evento isolado, mas como parte de um ciclo contínuo de reavaliação e aprimoramento das práticas pedagógicas. Ao seguir um modelo que considera o diagnóstico da realidade escolar e a leitura crítica da BNCC, a revisão torna-se um instrumento para ajustar constantemente o planejamento pedagógico às demandas locais, promovendo uma educação mais contextualizada e pertinente.

5. **Articulação entre currículo oficial, real e oculto:** a revisão do PPP deve considerar a integração entre o currículo oficial, real e oculto, garantindo que as práticas pedagógicas promovam uma formação integral dos estudantes. Ela, considerando essa tríade de currículos, deve garantir que haja uma integração coerente entre essas três dimensões. Isso significa que os educadores e gestores precisam estar cientes de que, para promover uma formação integral dos estudantes, é necessário mais do que a mera aplicação do currículo oficial. É essencial que as práticas pedagógicas reflitam as diretrizes normativas, mas que também sejam adaptadas às realidades do cotidiano escolar, respeitando as necessidades específicas de cada comunidade escolar e promovendo um ambiente que transmita valores positivos de forma consciente. Essa articulação entre os currículos é fundamental para assegurar que a escola não seja apenas um espaço de transmissão de conteúdos, mas um ambiente de formação cidadã, no qual os estudantes possam desenvolver plenamente suas competências acadêmicas, emocionais e sociais, em consonância com os objetivos expressos na BNCC e na missão educativa da escola.

6. **Planejamento pedagógico coletivo:** o planejamento pedagógico, no contexto da Base Nacional Comum Curricular, deve ser compreendido como um processo coletivo, envolvendo não apenas os professores, mas também, sempre que possível, outros segmentos da comunidade escolar, como gestores, pais e representantes dos estudantes. Essa participação coletiva assegura que o planejamento pedagógico não seja um ato isolado e autoritário, mas, sim, um processo democrático e participativo, no qual diversas perspectivas são consideradas para garantir que as práticas educativas reflitam as necessidades e expectativas da comunidade escolar. Além disso, a colaboração entre os docentes possibilita a troca de experiências e a construção de um planejamento mais coeso e integrado, por meio do qual as diferentes áreas do conhecimento dialoguem entre si e promovam o desenvolvimento integral dos educandos. Nesse sentido, a articulação da BNCC com o PPP passa a ser mais coerente, pois todos os envolvidos se comprometem com a adaptação dessas diretrizes à realidade específica da escola, tornando-as mais significativas para todos.

Essa coletividade no planejamento pedagógico é fundamental para assegurar que as diretrizes da Base sejam incorporadas de forma coerente e contextualizada nas práticas de ensino. Ao promover a participação ativa dos professores e da comunidade, a escola não apenas garante a adequação das diretrizes normativas ao contexto local, mas também fortalece o vínculo entre o currículo oficial e as práticas pedagógicas reais — o currículo real e o currículo oculto. Essa integração permite que os docentes desenvolvam estratégias de ensino que vão além da simples aplicação de conteúdos prescritos, promovendo uma reflexão contínua sobre as metodologias, recursos e intervenções que melhor respondem às necessidades de seus discentes. Ademais, o envolvimento da comunidade escolar no planejamento contribui para o fortalecimento do PPP, uma vez que este passa a refletir de maneira mais autêntica os anseios e as especificidades da escola, criando um ambiente de ensino e de aprendizagem mais coeso e comprometido com os princípios democráticos e inclusivos que norteiam tanto a BNCC quanto o próprio PPP.

7. **Desenvolvimento de metodologias ativas**: a implementação de metodologias ativas no contexto escolar é uma estratégia relevante para promover a participação ativa dos educandos e garantir o desenvolvimento das competências estabelecidas na BNCC. Essas metodologias, que colocam o estudante no centro do processo de aprendizagem, valorizam a construção do conhecimento por meio de experiências práticas, colaborativas e investigativas. Ao contrário das abordagens tradicionais, em que o educando assume um papel passivo, as metodologias ativas incentivam a reflexão crítica, a resolução de problemas e a aplicação do conhecimento em situações reais, tornando o aprendizado mais significativo e contextualizado. Para que essas metodologias sejam produtivas, é necessário que sejam adaptadas ao contexto local, respeitando as especificidades culturais, econômicas e sociais da comunidade escolar. Além de promover uma aprendizagem mais engajada e contextualizada, as metodologias ativas podem ser uma ferramenta significativa também na formação continuada dos professores. Ao vivenciarem essas metodologias durante os processos formativos, os

docentes não apenas desenvolvem novas habilidades e técnicas pedagógicas, como também passam a compreender, na prática, os benefícios de uma abordagem mais interativa e centrada no estudante. Esse tipo de formação ativa e experiencial contribui para que os professores reflitam sobre suas práticas e estejam mais preparados para aplicar essas estratégias em sala de aula, criando ambientes de aprendizagem mais dinâmicos e inclusivos, nos quais o estudante é estimulado a participar de maneira ativa, colaborativa e reflexiva.

8. **Avaliação contínua e participativa**: estabelecer mecanismos e instrumentos de avaliação contínua e participativa é fundamental para garantir que a implementação da BNCC ocorra de maneira contextualizada. Esses mecanismos de avaliação precisam ser abrangentes, considerando não apenas os resultados acadêmicos, mas também a adaptação das práticas pedagógicas à BNCC e a sua relevância para a comunidade escolar. A avaliação contínua permite que gestores e professores identifiquem, em tempo hábil, eventuais dificuldades ou desvios na articulação entre a BNCC e o PPP, possibilitando ajustes imediatos que garantam que o currículo oficial, o real e o oculto estejam em harmonia. Esse processo de avaliação deve envolver ativamente todos os segmentos da escola, incluindo professores, estudantes, pais e a comunidade em geral, pois cada um desses atores oferece uma perspectiva única e valiosa sobre o impacto das práticas educativas no ambiente escolar. Ao escutar a comunidade escolar sobre a forma como a unidade de ensino tem articulado a BNCC e o PPP, cria-se um espaço democrático e reflexivo que fortalece a relação entre currículo e prática. Essa escuta é crucial para compreender de que maneira as expectativas e necessidades da comunidade estão sendo atendidas, promovendo uma educação que faça sentido para os estudantes e para o contexto em que a escola está inserida. Além disso, ao abrir canais de diálogo sobre o currículo oculto — os valores, normas, rotinas, relações de poder e atitudes que são transmitidos implicitamente no ambiente escolar —, a escola pode ajustar suas práticas para que estejam mais alinhadas com os princípios de inclusão, equidade e democracia que a BNCC e o PPP preconizam. A construção de

uma escola significativa, nesse sentido, passa por um processo contínuo de avaliação, escuta e ajuste, por meio dos quais todos os envolvidos compartilham a responsabilidade pelo sucesso da implementação curricular.

9. **Promoção da gestão democrática**: a promoção da gestão democrática no contexto escolar vai além da criação de mecanismos formais de participação, como reuniões de conselhos ou assembleias, exigindo uma mobilização efetiva que garanta a voz e a influência de todos os segmentos da comunidade escolar nas decisões que envolvem a implementação da BNCC e a construção do PPP. A gestão democrática, nesse sentido, deve ser vista como um processo contínuo de diálogo e envolvimento, por via do qual professores, estudantes, funcionários, pais e gestores não apenas participem, mas sejam efetivamente ouvidos e tenham suas contribuições incorporadas nas práticas diárias da escola. Para isso, é necessário o desenvolvimento de estratégias que transcendam as práticas burocráticas e que incentivem a criação de uma cultura de participação ativa e responsável. Isso pode ser feito, por exemplo, por meio de grupos de trabalho temáticos, fóruns de discussão abertos e o fortalecimento dos grêmios estudantis, garantindo que os diferentes atores tenham espaços concretos de contribuição. A mobilização da comunidade escolar deve ser contínua e articulada, considerando as especificidades de cada grupo e propondo formas de participação que sejam significativas e respeitem as dinâmicas próprias de cada segmento. Dessa forma, a gestão democrática se torna um eixo estruturante da escola, integrando BNCC e PPP de maneira coerente e sensível às realidades locais.

10. **Acompanhamento e reflexão crítica**: o acompanhamento contínuo e a reflexão crítica sobre a implementação da BNCC e do PPP são pilares fundamentais para garantir que a escola mantenha um ciclo virtuoso de aprimoramento de suas práticas pedagógicas. Não basta apenas definir as diretrizes curriculares e o planejamento pedagógico; é necessário monitorar de perto como essas diretrizes são traduzidas em ações concretas e, sobretudo, se essas ações estão efetivamente promovendo o

desenvolvimento integral dos estudantes, conforme proposto. Nesse processo, a avaliação não pode ser vista como um fim em si mesma, mas como uma ferramenta para identificar pontos de ajuste, lacunas e oportunidades de melhoria. O papel do grupo gestor nesse processo é central. A apropriação crítica dos diagnósticos e indicadores gerados a partir do acompanhamento deve servir como ponto de partida para um processo colaborativo de análise e correção de rotas. A gestão escolar precisa estar atenta às nuances e aos contextos locais, garantindo que os dados sejam interpretados de forma a refletir as realidades da escola e suas particularidades. Posteriormente, essa análise precisa ser ampliada para incluir a participação ativa da comunidade escolar — professores, discentes, pais e demais funcionários —, assegurando que todos os segmentos possam contribuir para a reflexão e para a reorientação das práticas, quando necessário. Esse ciclo de acompanhamento, reflexão e planejamento contínuo permite que a implementação da BNCC e do PPP seja um processo dinâmico, em constante aprimoramento, e que esteja sempre orientado pelo compromisso com a qualidade e a relevância do ensino oferecido.

Esses passos são proposições para que a BNCC seja implementada de forma coerente e para que o PPP seja um instrumento vivo e dinâmico, capaz de adaptar as diretrizes nacionais às realidades locais e promover uma educação de qualidade. A integração entre BNCC e PPP, mediada por esses passos, deve ser entendida, em síntese, como um processo contínuo, que envolve toda a comunidade escolar e que busca garantir que a educação oferecida seja realmente transformadora e inclusiva.

A integração entre a BNCC e o PPP é um processo complexo e contínuo que exige não apenas a aplicação técnica das emanações nacionais, mas uma abordagem profundamente reflexiva e colaborativa. Cada escola deve assumir a responsabilidade de adaptar o documento normativo às suas particularidades, transformando-a em um currículo vivo e crítico, que dialogue com a realidade dos estudantes e da comunidade. Isso envolve não apenas a revisão e atualização do PPP, mas também a implementação de práticas pedagógicas inovadoras que promovam o desenvolvimento integral dos discentes.

A gestão democrática e participativa é o eixo central desse processo, garantindo que todas as vozes da comunidade escolar sejam ouvidas e que as decisões sejam tomadas de maneira coletiva. Além disso, a avaliação contínua e crítica desempenha um papel fundamental, permitindo que as práticas sejam ajustadas e aprimoradas ao longo do tempo, de modo que o currículo oficial, real e oculto estejam sempre alinhados. Assim, a integração entre a BNCC e o PPP não é apenas um objetivo a ser alcançado, mas um caminho a ser percorrido continuamente, com o compromisso de construir uma educação que seja ao mesmo tempo de qualidade, inclusiva e socialmente justa.

3.2 O papel dos gestores na articulação entre BNCC e PPP

A coesão entre as diretrizes normativas da Base Nacional Comum Curricular e as práticas pedagógicas cotidianas nas escolas é um desafio que exige uma liderança escolar ativa e comprometida. Os gestores escolares têm um papel fundamental nesse processo, atuando como mediadores entre o currículo oficial e as realidades concretas das salas de aula. Este subtítulo explora as estratégias essenciais que os gestores podem adotar para promover uma integração eficaz entre a BNCC e o PPP, assegurando que as orientações nacionais sejam adaptadas e implementadas de forma que atendam às especificidades de cada comunidade escolar. A partir de uma gestão democrática e participativa, essas estratégias visam não apenas a aplicação técnica das diretrizes normativas, mas a construção de um ambiente educativo que seja inclusivo, inovador e verdadeiramente transformador.

3.2.1 Função estratégica dos gestores na implementação e monitoramento da BNCC por meio do PPP

Os gestores escolares desempenham um papel fundamental na implementação e no monitoramento da BNCC dentro das unidades escolares, utilizando o PPP como o principal instrumento para garantir que as diretrizes normativas sejam adaptadas e aplicadas de maneira coerente e coesa. A BNCC, ao definir as competências e habilidades que devem ser desenvolvidas em cada etapa da educação básica, fornece um norte para a construção do currículo escolar. No entanto, cabe aos gestores a responsabilidade de mobilizar a todos para traduzir essas diretrizes em práticas pedagógicas concretas, assegurando que o PPP reflita tanto as orientações nacionais quanto as particularidades da comunidade escolar. Como aponta Veiga (2013), a gestão democrática da escola pública é evidenciada por meio do PPP, que deve ser visto como um instrumento de transformação social, ao promover uma educação inclusiva, crítica e emancipatória.

A função estratégica dos gestores não se limita à implementação das diretrizes da BNCC, mas também inclui o monitoramento contínuo do processo, garantindo que as práticas pedagógicas estejam alinhadas aos objetivos estabelecidos no PPP. Esse monitoramento deve ser compreendido como um processo dinâmico e participativo, o qual envolve a coleta e análise de dados sobre o desempenho dos estudantes, a adequação das metodologias de ensino e a eficácia das estratégias de avaliação. Veiga (2013) ressalta que a avaliação contínua do PPP é ponto central para garantir que as ações planejadas estejam sendo efetivamente implementadas e que os objetivos propostos estejam sendo alcançados, permitindo ajustes necessários para a melhoria contínua da educação oferecida. Dessa forma, os gestores devem estabelecer mecanismos de acompanhamento que permitam identificar rapidamente as áreas que necessitam de intervenção e implementar as mudanças necessárias para garantir o sucesso na articulação da BNCC com o PPP.

Os gestores também têm a função de promover e incentivar a capacitação contínua dos professores, de modo a assegurar que a equipe pedagógica esteja preparada para aplicar as emanações da BNCC de maneira contextualizada. A formação continuada dos educadores é um elemento chave para a implementação da Base, pois oferece aos docentes as ferramentas necessárias para interpretar e aplicar o currículo de acordo com as especificidades de sua escola e comunidade. De acordo com Nascimento, Nascimento e Lima (2020), a formação continuada na escola permite o planejamento formativo baseado nas necessidades dos estudantes e de todo o ambiente escolar e que os professores participem da definição de suas próprias necessidades de aprendizagem e desenvolvimento. Assim, cabe aos gestores garantir que essa formação seja acessível e adequada às demandas da BNCC, promovendo uma cultura de aprendizagem contínua dentro da escola.

A liderança dos gestores também assume relevância para a articulação entre o currículo oficial e as práticas pedagógicas reais. Enquanto a BNCC estabelece o currículo oficial, o PPP deve refletir como esse currículo será implementado na prática, considerando as realidades locais e as necessidades dos estudantes. Nesse contexto, os gestores precisam apoiar os professores na criação de práticas pedagógicas que não apenas repliquem as diretrizes normativas, mas que também sejam flexíveis o suficiente para atender às realidades dos estudantes e fomentar uma educação mais inclusiva e significativa.

Além disso, os gestores desempenham um papel essencial na comunicação e no engajamento da comunidade escolar no processo de implementação da BNCC. Isso envolve a criação de canais de comunicação eficazes que permitam a participação ativa de professores, educandos e famílias na construção e monitoramento do PPP. A capacidade dos gestores de mobilizar a comunidade escolar e de garantir que todos os membros se sintam parte do processo de implementação da Base Nacional assume posição estratégica para o êxito da integração entre as normativas e as práticas pedagógicas.

Finalmente, a função dos gestores na implementação e monitoramento da BNCC por meio do PPP requer uma postura reflexiva e altamente adaptativa. É fundamental que os gestores adotem uma visão estratégica, que lhes permita antecipar desafios e identificar oportunidades de melhoria contínua no cotidiano escolar. Essa capacidade de análise crítica, aliada a um acompanhamento constante das práticas pedagógicas, garante que o PPP esteja sempre em sintonia com as novas demandas educacionais e com as particularidades do contexto em que a escola está inserida. Além disso, os gestores devem promover uma cultura de flexibilidade, incentivando a revisão e atualização periódicas das estratégias pedagógicas, para que a escola não apenas implemente a BNCC com eficácia, mas também continue a ser um espaço que priorize a relevância, a inclusão e a transformação social. Dessa forma, a escola se torna um ambiente dinâmico, capaz de responder com prontidão às necessidades emergentes e de assegurar uma educação de qualidade, orientada pelo desenvolvimento integral dos estudantes.

3.2.2 Práticas de gestão democrática e participativa como suporte à articulação eficaz entre BNCC e PPP

A gestão democrática[7] e participativa é um princípio fundamental para a articulação coerente entre a BNCC e o PPP, pois assegura que as deci-

---

[7] Para aprofundar as leituras sobre gestão democrática, seus pilares constitucionais e os planos de educação, ver em Alves (2020, 2024).

sões relacionadas ao currículo e às práticas pedagógicas sejam tomadas de maneira coletiva e com a participação ativa de toda a comunidade escolar. A Constituição Federal de 1988 consagra a gestão democrática como um direito, destacando a importância da participação da comunidade na condução das instituições públicas, incluindo as escolas. Nesse contexto, os gestores escolares têm a responsabilidade de criar e manter um ambiente onde todos os membros da comunidade escolar — professores, estudantes, pais e funcionários — possam contribuir para a construção do PPP.

A gestão democrática, quando efetivamente aplicada, garante que as diferentes vozes e perspectivas presentes na escola sejam ouvidas e consideradas na tomada de decisões. Isso é particularmente importante no processo de integração entre a BNCC e o PPP, pois permite que as diretrizes normativas sejam interpretadas e adaptadas de maneira que reflitam as necessidades e expectativas da comunidade escolar. Veiga (2013) argumenta que a participação requer compromisso com o Projeto Político-Pedagógico construído, executado e avaliado coletivamente. A participação é um mecanismo de representação e ação política. Dessa forma, a gestão democrática não apenas legitima o PPP como um documento vivo e dinâmico, mas também assegura que a implementação da BNCC seja um processo inclusivo, crítico e representativo.

Para que a gestão democrática se concretize, é necessário que os gestores adotem práticas que promovam a participação ativa de todos os segmentos da comunidade escolar. Isso inclui a realização de reuniões regulares, assembleias, grupos de trabalho, fóruns de discussão e outros espaços de diálogo onde os membros da comunidade possam expressar suas opiniões, discutir propostas e tomar decisões em conjunto. A criação de comissões ou conselhos escolares, compostos por representantes de diferentes segmentos, é uma estratégia eficiente para garantir que a gestão seja realmente participativa. Como destacam Cabral Neto e Silva (2004), a participação dos técnicos e docentes na elaboração e execução do Projeto Político-Pedagógico é fundamental para que esse documento se torne um guia real para a prática pedagógica e não apenas um elemento burocrático. A gestão democrática, portanto, vai além da simples consulta; ela implica em um processo de construção a muitas mãos do currículo e das práticas pedagógicas.

Outra prática importante da gestão democrática é a transparência na comunicação e na prestação de contas. Os gestores devem assegurar que todas as decisões e ações relacionadas à implementação da BNCC e ao PPP sejam comunicadas de forma clara e acessível a toda a comunidade escolar. A transparência fortalece a confiança e o compromisso dos membros da comunidade com o processo educacional, além de garantir que as decisões sejam tomadas com base em informações completas e precisas. A prestação de contas regular, por meio de relatórios, reuniões de *feedback* e outros mecanismos de comunicação, é fundamental para manter a comunidade informada e engajada, assim como ampliar a confiança na gestão da escola.

Além disso, a gestão democrática deve promover a autonomia dos professores e outros profissionais da educação, reconhecendo e valorizando suas competências e experiências. A autonomia docente é um aspecto de maior relevância para a implementação da BNCC, pois permite que os professores adaptem as diretrizes normativas às realidades de suas salas de aula, utilizando sua criatividade e conhecimento pedagógico para desenvolver práticas de ensino que sejam relevantes e eficazes. Nesse sentido, a gestão democrática deve apoiar e incentivar a autonomia docente, ao mesmo tempo em que promove a coesão e a colaboração entre os membros da equipe pedagógica.

Portanto, a gestão democrática e participativa também deve incluir a avaliação contínua e coletiva das práticas pedagógicas e do PPP. A avaliação deve ser vista como um processo reflexivo, que envolve todos os membros da comunidade escolar e que busca identificar tanto os sucessos quanto as áreas que precisam de melhorias. Veiga (2013) ressalta que a avaliação das atividades pedagógicas leva à reflexão com base em informações sobre como a escola se organiza para colocar em ação o seu Projeto Político-Pedagógico. Dessa forma, a avaliação participativa é um elemento chave para garantir que a integração entre a BNCC e o PPP seja eficaz e que o processo de implementação esteja sempre alinhado com as necessidades e expectativas da comunidade escolar.

3.2.3 Estratégias para promover a coesão entre as diretrizes normativas e a prática cotidiana nas escolas

Promover a coesão entre as diretrizes normativas estabelecidas pela BNCC e a prática cotidiana nas escolas é um desafio complexo que requer a adoção de estratégias específicas por parte dos gestores. Uma das principais estratégias é a construção de um planejamento pedagógico coletivo, por meio do qual as diretrizes da BNCC são discutidas e interpretadas em conjunto pelos professores, coordenadores e gestores, de modo que todos compreendam a sua aplicação prática na ação-reflexão-ação. Esse planejamento deve considerar não apenas as metas estabelecidas pela BNCC, mas também as condições reais de ensino, o perfil docente, o modelo de gestão, as particularidades dos estudantes e os recursos disponíveis na escola, o que reverbera na concepção de currículo escolar. Como afirma Veiga (2013), a construção do currículo deve ser um ato democrático e participativo, em que a escola tem a autonomia de adaptar as diretrizes nacionais à sua realidade local, sem perder de vista o objetivo de garantir uma educação de qualidade para todos.

Outra estratégia é o desenvolvimento de metodologias pedagógicas que permitam a aplicação das competências e habilidades previstas na BNCC de maneira contextualizada. Isso inclui a adoção de metodologias ativas, que promovam a participação dos estudantes no processo de aprendizagem, tornando-os protagonistas do seu próprio desenvolvimento. As metodologias ativas, como a aprendizagem baseada em projetos, a sala de aula invertida e o ensino híbrido, são ferramentas atuais para conectar o currículo oficial com as realidades vivenciadas pelos educandos, tornando o aprendizado mais significativo e relevante. A adoção dessas metodologias requer um suporte contínuo dos gestores, que devem fornecer os recursos e a formação necessários para que os professores possam implementar essas práticas de maneira produtiva. Todavia, há de se salientar que colocar os estudantes de forma ativa no processo de aprendizagem não deve ser entendido como o apagamento do papel do professor; este, como regente do processo de ensino, não pode ser privado de suas atribuições de planejar intencionalmente como as aprendizagens devem se desenvolver.

A formação continuada dos professores também é uma estratégia central para promover a coesão entre as diretrizes normativas e a prática cotidiana. A BNCC introduz novas competências e habilidades que, em muitos casos, representam uma mudança significativa nas práticas pedagógicas tradicionais. Para que os professores possam adaptar suas práticas às novas diretrizes, é importante que eles recebam formação contínua e apoio para desenvolver novas competências e para experimentar e refletir sobre novas abordagens pedagógicas. Nascimento, Nascimento e Lima (2020) destacam que a formação continuada na escola permite o planejamento formativo baseado nas necessidades dos estudantes e de todo o ambiente escolar e que os professores participem da definição de suas próprias necessidades de aprendizagem e desenvolvimento. A formação continuada, portanto, deve ser uma prioridade para os gestores, que precisam garantir que os professores tenham as ferramentas necessárias para integrar as diretrizes da BNCC ao seu trabalho cotidiano.

Outra estratégia importante é a criação de espaços de diálogo e reflexão coletiva dentro da escola, onde professores, gestores e outros membros da comunidade escolar possam discutir e avaliar continuamente a implementação da BNCC. Esses espaços, como reuniões pedagógicas, grupos de estudo, fóruns de discussão e comissões, são fundamentais para promover a troca de experiências, o compartilhamento de boas práticas e a construção coletiva de soluções para os desafios que surgem na aplicação das diretrizes normativas. A gestão democrática, como já discutido, é pilar para garantir que esses espaços sejam realmente participativos e que todas as vozes sejam ouvidas. Assim, a promoção do diálogo e da reflexão coletiva é uma estratégia-chave para garantir a coesão entre o currículo oficial e as práticas pedagógicas reais.

Além disso, a adaptação das avaliações às diretrizes da BNCC é necessária para garantir a coerência entre o currículo normativo e a prática pedagógica. As avaliações da aprendizagem, tanto formativas quanto somativas, devem ser planejadas de acordo com as competências e habilidades estabelecidas pela BNCC, mas também precisam ser adaptadas ao contexto específico da escola e às características dos estudantes. A avaliação contínua e participativa, que envolve os professores, educandos e famílias, é uma prática viável para monitorar o progresso dos estudantes e para ajustar o ensino conforme necessário. Nessa perspectiva, as avaliações devem ser vistas não apenas como um meio de medir o desempenho dos estudantes, mas também como uma ferramenta para promover a articulação necessária entre a BNCC e a prática cotidiana.

Ademais, é relevante a criação de parcerias com a comunidade local e com outras instituições para garantir que a BNCC seja implementada de maneira que reflita as realidades e necessidades da comunidade escolar. As parcerias podem incluir colaborações com organizações não governamentais, universidades, empresas locais e outras escolas, que podem oferecer recursos, espaços, apoio e oportunidades de aprendizado para os estudantes e professores. Essas parcerias não apenas enriquecem o currículo escolar, mas também ajudam a conectar o aprendizado em sala de aula com o mundo real, tornando a educação mais relevante e significativa. A promoção de parcerias, nesse sentido, é uma estratégia interessante e abrangente para garantir que o PPP e a BNCC não sejam documentos isolados, mas, sim, instrumentos vivos e dinâmicos que promovam uma educação de qualidade, aproveitando as potencialidades locais.

Esse conjunto de estratégias, quando aplicado de maneira integrada e participativa, pode ajudar a promover uma articulação efetiva entre as diretrizes normativas da BNCC e as práticas cotidianas nas escolas. Os gestores, ao adotarem essas e outras práticas, podem garantir que o PPP se torne um verdadeiro guia para a ação pedagógica, refletindo tanto as emanações nacionais quanto as especificidades locais e promovendo uma educação que seja ao mesmo tempo inclusiva, relevante e transformadora.

Promover a coesão entre o currículo oficial e as práticas cotidianas nas escolas é um processo complexo que exige uma abordagem estratégica e multidimensional por parte dos gestores escolares. Esse desafio não se resume apenas à aplicação técnica das diretrizes estabelecidas pela BNCC, mas requer uma profunda compreensão do contexto escolar e uma articulação contínua entre as demandas normativas e as realidades vividas por estudantes e professores. Para alcançar essa coesão, os gestores precisam adotar uma visão integradora que considere todas as dimensões do currículo — oficial, real e oculto — e que promova práticas pedagógicas que sejam tanto inovadoras quanto contextualmente relevantes. A construção de um planejamento pedagógico coletivo, a adoção de metodologias ativas e a formação continuada dos professores são passos essenciais nesse processo, mas eles precisam ser apoiados por uma gestão democrática e participativa, que garanta que todas as vozes da comunidade escolar sejam ouvidas e valorizadas.

Além disso, a criação de espaços de diálogo e reflexão coletiva dentro da escola é fundamental para sustentar esse processo ao longo do tempo. Esses espaços não devem ser vistos apenas como momentos de discussão, mas como oportunidades para a construção coletiva do conhecimento e para a inovação pedagógica. Quando professores, gestores e outros membros da comunidade escolar se reúnem para discutir e avaliar a implementação do currículo, eles não estão apenas ajustando as práticas pedagógicas; estão também criando uma cultura de colaboração e de aprendizagem contínua. Essa cultura é vital para a sustentabilidade das mudanças introduzidas pela BNCC e para garantir que elas se traduzam em práticas pedagógicas que realmente fazem a diferença na vida dos estudantes.

3.3 A atuação dos professores no planejamento e na execução do currículo

A atuação dos professores é decisiva para a efetiva integração entre a BNCC e o PPP. Embora a Base forneça diretrizes e competências gerais que devem ser desenvolvidas ao longo da educação básica, é na prática pedagógica diária, conduzida pelos professores, que esses objetivos se materializam e ganham vida. Os professores são os agentes que transformam as orientações normativas em experiências de aprendizagem significativas, adaptando-as às realidades e necessidades dos estudantes. Este subtítulo examina o papel fundamental dos docentes no planejamento e na execução do currículo, abordando a importância do trabalho docente na concretização dos objetivos da BNCC dentro do PPP, o papel do planejamento pedagógico como ferramenta de alinhamento curricular, e a prática reflexiva dos professores diante dos desafios impostos pela articulação entre esses dois documentos. A partir de uma análise teórica e prática, busca-se entender como os professores podem atuar de maneira a garantir que o currículo oficial não apenas seja implementado, mas também seja relevante e transformador.

3.3.1 A importância do trabalho docente na materialização dos objetivos da BNCC dentro do PPP

A materialização dos objetivos estabelecidos pela BNCC depende intrinsecamente do trabalho docente. Embora a Base estabeleça competências e habilidades a serem desenvolvidas, é por meio da atuação dos professores que essas diretrizes se traduzem em práticas pedagógicas concretas — o currículo real. Como aponta Veiga (2003), o sucesso na implementação do currículo depende diretamente da capacidade dos professores de interpretar e adaptar as diretrizes nacionais às realidades de suas salas de aula, assegurando que o ensino seja ao mesmo tempo significativo e contextualizado. Nesse sentido, o papel dos professores é central para garantir que o PPP, enquanto documento orientador das práticas pedagógicas, seja efetivamente implementado de maneira que reflita tanto as diretrizes da BNCC quanto as especificidades do contexto escolar.

O trabalho docente, portanto, não se limita à execução de atividades predefinidas, mas envolve uma interpretação crítica e criativa das diretrizes curriculares. Segundo Libâneo (2013, p. 45), "os professores desempenham o papel de mediadores entre o currículo oficial e as realidades vivenciadas pelos estudantes, ajustando as práticas de ensino de acordo com as necessidades e contextos específicos". Essa mediação é fundamental para que a educação oferecida seja significativa e relevante para os discentes, promovendo não apenas o desenvolvimento de competências acadêmicas, mas também a formação integral do indivíduo, conforme proposto pela BNCC.

Ademais, a importância do trabalho docente na materialização dos objetivos da BNCC se revela na capacidade dos professores de contextualizar o ensino, adaptando os conteúdos e as metodologias às necessidades específicas dos estudantes. Freire (1996) enfatiza que o educador deve estar atento ao contexto de seus discentes, adaptando o conteúdo de forma que faça sentido para suas realidades. Nessa perspectiva, os professores desempenham um papel central na adaptação das diretrizes curriculares, assegurando que os processos de ensino e de aprendizagem sejam acessíveis e significativos para todos os educandos, sem desconsiderar de suas condições socioeconômicas, culturais ou linguísticas.

A capacidade dos professores de inovar e adaptar suas práticas pedagógicas também é fundamental para a materialização dos objetivos da BNCC. Esta, ao estabelecer competências gerais e habilidades específicas, oferece um norte para o ensino, mas não prescreve metodologias fixas, deixando espaço para que os professores desenvolvam estratégias pedagógicas que sejam adequadas ao contexto de sua escola e turma. Como observa Tardif (2014, p. 87), "a experiência e o conhecimento prático dos professores são essenciais para a adaptação e a aplicação criativa das diretrizes curriculares". Dessa forma, o trabalho docente é indispensável para garantir que o currículo seja dinâmico e responsivo às necessidades dos estudantes.

Outro aspecto relevante do trabalho docente na materialização dos objetivos da BNCC é o desenvolvimento de práticas pedagógicas inclusivas. A BNCC enfatiza a importância de uma educação que seja inclusiva e que promova a equidade, garantindo que todos os estudantes tenham as mesmas oportunidades de aprendizado. Segundo Perrenoud (2001, p. 52),

> [...] a prática docente deve ser orientada por princípios de inclusão e justiça social, assegurando que todos os alunos, independentemente de suas características individuais, tenham acesso a uma educação de qualidade.

Logo, os professores têm a responsabilidade de adaptar suas práticas pedagógicas para atender às necessidades de todos os discentes, incluindo aqueles com dificuldades de aprendizagem, deficiências ou outras condições que possam afetar seu desempenho escolar.

Por essa análise, a importância do trabalho docente na materialização dos objetivos da BNCC dentro do PPP se reflete na necessidade de uma avaliação contínua e reflexiva das práticas pedagógicas. A avaliação, enquanto componente essencial dos processos de ensino e aprendizagem, deve ser utilizada pelos docentes não apenas como um mecanismo de verificação do progresso dos estudantes, mas como um recurso estratégico para reorientar e aperfeiçoar suas abordagens pedagógicas. Mais do que mensurar o desempenho, a avaliação deve fornecer subsídios para que o professor ajuste suas práticas, identifique áreas de dificuldade e promova intervenções pedagógicas mais adequadas às necessidades dos discentes. Dessa forma, esse processo se torna um aliado no desenvolvimento contínuo da qualidade do ensino, contribuindo para a evolução tanto dos educadores quanto dos educandos. Como argumenta Veiga (2013, p. 112), "a avaliação deve ser vista como um processo reflexivo e contínuo, que permite ao professor identificar as áreas que precisam de melhorias e ajustar suas práticas de acordo com as necessidades dos alunos".

3.3.2 Planejamento pedagógico como ferramenta para alinhar o currículo oficial às práticas de sala de aula

O planejamento pedagógico é a ferramenta de materialização do alinhamento entre o currículo oficial, estabelecido pela BNCC, nas práticas de sala de aula desenvolvidas pelos professores. Esse alinhamento é fundamental para garantir que as diretrizes se traduzam em práticas pedagógicas que sejam eficazes e contextualizadas. O planejamento pedagógico, quando realizado de forma reflexiva e colaborativa, permite que os professores articulem as competências e habilidades propostas pela BNCC com as realidades e desafios específicos de suas turmas, assegurando que o ensino seja relevante e significativo.

O planejamento pedagógico, como destaca Libâneo (2013, p. 58), "é um processo que envolve a seleção, organização e sequenciamento dos conteúdos de ensino, de acordo com os objetivos educacionais estabelecidos e as características dos alunos". Nesse sentido, o planejamento não é apenas uma etapa preliminar do processo de ensino, mas uma atividade contínua e dinâmica, que exige dos professores uma constante reflexão sobre suas práticas e uma adaptação às circunstâncias e necessidades emergentes. O planejamento pedagógico[8], portanto, é um momento de extrema centralidade para que os professores façam a ponte entre o currículo oficial e as práticas de sala de aula, garantindo que o ensino esteja sempre alinhado com os objetivos da BNCC.

Um dos aspectos fundamentais do planejamento pedagógico é a articulação entre os conteúdos curriculares e as metodologias de ensino. A BNCC propõe um conjunto de competências que devem ser desenvolvidas ao longo da educação básica, mas cabe aos professores decidirem como essas competências serão trabalhadas em sala de aula, escolhendo as metodologias que melhor se adequam aos objetivos de ensino e ao perfil dos estudantes, levando-se, ainda, em consideração as condições materiais e estruturais. Como observa Freire (1996), o planejamento deve ser flexível e adaptável, permitindo ao professor ajustar o ensino de acordo com as necessidades e interesses dos educandos. Essa flexibilidade é essencial para que o currículo oficial, estabelecido pela BNCC, possa ser aplicado de maneira que faça sentido para os educandos, promovendo uma aprendizagem significativa e contextualizada. O planejamento pedagógico, então, não é um roteiro rígido a ser seguido, mas um guia que orienta o professor na condução dos processos de ensino e de aprendizagem.

Ainda, o planejamento pedagógico permite aos professores identificarem e anteciparem possíveis desafios na implementação do currículo, facilitando a elaboração de estratégias para superá-los. Ao planejar suas aulas, os professores têm a oportunidade de refletir sobre os possíveis obstáculos que poderão surgir e de preparar alternativas que garantam a continuidade e a eficácia do ensino. Segundo Perrenoud (2001, p. 76), "o planejamento pedagógico permite ao professor antecipar dificuldades e adaptar suas práticas para enfrentar os desafios do ensino, assegurando que todos os alunos tenham acesso a uma educação de qualidade". Dessa forma, o planejamento pedagógico se torna uma ferramenta estratégica para a implementação bem-sucedida da BNCC,

---

[8] Para ampliar a leitura, de forma pragmática, sobre o uso e elaboração do plano de aula pelo professor, ver em Alves (2023).

permitindo que os professores estejam preparados para lidar com as diversas situações que possam surgir em sala de aula.

Logo, o planejamento pedagógico é uma oportunidade para os professores refletirem sobre suas práticas e para desenvolverem uma abordagem pedagógica integrada e coerente. Ao planejar suas aulas, os professores podem revisar e ajustar suas estratégias de ensino, assegurando que elas estejam alinhadas com os objetivos do PPP e com as diretrizes da BNCC. Como argumenta Veiga (2013), o planejamento pedagógico deve ser um processo reflexivo, que permite ao professor avaliar suas práticas e ajustá-las de acordo com as necessidades e expectativas estudantis. Essa reflexão é importante para assegurar que o currículo oficial seja efetivamente transformado em práticas educativas que favoreçam o desenvolvimento pleno dos estudantes, garantindo, assim, uma formação que seja, de fato, de excelência e socialmente equitativa. É imperativo que a educação ofertada promova não apenas o aprendizado de conteúdos, mas que esteja comprometida com a justiça social, contribuindo para a formação de indivíduos críticos e conscientes de seu papel na sociedade.

3.3.3 A prática reflexiva do docente diante dos desafios da articulação entre BNCC e PPP

A prática reflexiva do docente é uma das principais estratégias para enfrentar os desafios que emergem da articulação entre a BNCC e o PPP. A reflexão crítica sobre as próprias práticas pedagógicas permite ao professor adaptar suas abordagens de ensino às realidades de sua sala de aula. Como destaca Schön (1983, p. 50), "a reflexão na ação é essencial para que os profissionais possam responder às situações complexas e inesperadas que surgem em sua prática cotidiana". No contexto educacional, isso significa que os professores precisam estar constantemente avaliando e ajustando suas práticas para atender às necessidades dos estudantes e para garantir que o currículo oficial se traduza em aprendizagens significativas.

A prática reflexiva, nesse sentido, não é uma atividade isolada, mas um processo contínuo que deve permear todas as etapas do processo do ensino, desde o planejamento até a avaliação, caso a compreensão seja linear. Em outras palavras, o planejamento das aulas até a avaliação dos resultados, os professores devem estar envolvidos em um ciclo de reflexão-ação-reflexão, por meio do qual as experiências de ensino são analisadas criticamente e usadas como base para a melhoria contínua das práticas pedagógicas. Como observa Dewey (1933, p. 78), "a reflexão é o processo que permite ao professor transformar suas experiências em aprendizado, orientando suas ações futuras". Esse processo reflexivo é fundamental para que os professores possam enfrentar os desafios impostos pela articulação entre a BNCC e o PPP, garantindo que as diretrizes curriculares sejam adaptadas às realidades de suas turmas.

Um dos principais desafios da articulação entre a BNCC e o PPP é a necessidade de conciliar as diretrizes normativas com as especificidades locais e com as necessidades individuais dos estudantes. A prática reflexiva permite ao professor identificar essas especificidades e adaptar suas práticas de ensino de acordo com elas. Nesse sentido, a prática reflexiva é uma ferramenta poderosa para promover a inclusão e a equidade no ensino, permitindo que as diretrizes da BNCC sejam implementadas de forma social e academicamente relevantes.

A prática reflexiva contribui para que os professores possam desenvolver uma abordagem pedagógica integrada, que articule o currículo oficial, real e oculto. A BNCC estabelece o currículo oficial, mas cabe ao professor integrar esse currículo às práticas pedagógicas reais e às dinâmicas da sala de aula, considerando também os aspectos implícitos do ensino, que constituem o currículo oculto. De acordo com Tardif (2014), a prática reflexiva possibilita que o docente identifique e integre os distintos níveis do currículo, garantindo que o processo de ensino seja coeso e abrangente. Assim, a reflexão constante sobre a prática educativa contribui significativamente para assegurar que a articulação entre a BNCC e o PPP ocorra de maneira produtiva, fortalecendo a coerência pedagógica e a conexão com as diretrizes normativas.

Acrescenta-se que a prática reflexiva é a capacidade do professor de avaliar e ajustar suas práticas pedagógicas com base nos resultados da aprendizagem dos discentes. A avaliação contínua e reflexiva é uma parte estruturante dos ciclos de ensino e de aprendizagem, permitindo ao professor identificar o que está funcionando e o que precisa ser ajustado. Como observa Veiga (2013, p. 123), "a prática reflexiva envolve não apenas a avaliação dos alunos, mas também a avaliação das práticas pedagógicas, permitindo ao professor ajustar seu ensino de acordo com as necessidades e desafios que surgem". Essa capacidade de ajuste cumpre o papel de forma que as diretrizes da BNCC sejam implementadas abrangente e contextualmente, garantindo que os estudantes desenvolvam as competências e habilidades pretendidas no processo formativo.

A partir dessas considerações, entende-se que a prática reflexiva do docente deve ser apoiada por uma cultura de colaboração e aprendizagem contínua dentro da escola. A reflexão individual é importante, mas a reflexão coletiva, realizada em colaboração com outros professores e com a equipe pedagógica, pode enriquecer ainda mais os processos de ensino e de aprendizagem. Segundo Schön (1983, p. 133), "a reflexão em grupo permite que os professores compartilhem suas experiências, troquem ideias e desenvolvam soluções coletivas para os desafios que enfrentam". Agindo assim, a prática reflexiva se torna uma parte integrante da cultura escolar, promovendo uma abordagem pedagógica que é ao mesmo tempo crítica, colaborativa e inovadora, e que assegura a articulação entre a BNCC e o PPP.

3.4 Gestão democrática e participativa: princípio orientador

A gestão democrática e participativa é um princípio central para a construção de uma educação inclusiva e de qualidade, orientando tanto a elaboração quanto a implementação do Projeto Político-Pedagógico nas escolas. Esse princípio assegura que todas as decisões pedagógicas e administrativas sejam tomadas com a participação ativa de todos os membros da comunidade escolar, incluindo gestores, professores, estudantes, pais e demais funcionários. A partir de uma abordagem democrática, busca-se garantir que o PPP seja um documento vivo, que reflita as necessidades e expectativas da comunidade escolar, ao mesmo tempo em que se alinha às diretrizes estabelecidas pela Base Nacional Comum Curricular. Este subtítulo explora a definição e a importância da gestão democrática e participativa na educação, discute seu papel como eixo central na construção e implementação do PPP alinhado à BNCC e apresenta exemplos de práticas de gestão participativa que fortalecem essa relação.

3.4.1 Definição e importância da gestão democrática e participativa na educação

A gestão democrática e participativa na educação refere-se à condução das atividades escolares de forma que todos os segmentos da comunidade escolar tenham voz e vez nas decisões que afetam o cotidiano escolar e o processo educativo. Esse modelo de gestão, fundamentado na participação coletiva e na valorização do diálogo, é garantido pela Constituição Federal de 1988 e pela LDB n.º 9394/1996, que estabelece a gestão democrática como um dos princípios fundamentais para o ensino público no Brasil. Segundo Veiga (2013, p. 164),

> [...] a gestão democrática é essencial para garantir que a escola seja um espaço de formação cidadã, onde todos os membros da comunidade escolar possam participar ativamente das decisões e da construção do projeto pedagógico.

Dessa forma, a gestão democrática não é apenas um ideal a ser perseguido, mas uma prática necessária para a promoção de uma educação mais justa e inclusiva.

A importância da gestão democrática e participativa na educação vai além da simples tomada de decisões coletivas; ela está intrinsecamente ligada à promoção de uma cultura escolar que valorize o diálogo, a cooperação e a corresponsabilidade. A participação de todos os segmentos da comunidade escolar no processo decisório contribui para a construção de um ambiente educativo mais equitativo, onde as diferenças são respeitadas e as necessidades de todos são consideradas. Como destaca Libâneo (2013, p. 72), "a gestão democrática na escola promove a corresponsabilidade, ao mesmo tempo em que fortalece o senso de pertencimento e a identidade coletiva entre os membros da comunidade escolar". Isso significa que a gestão democrática é um mecanismo fundamental para assegurar que a escola cumpra sua função social de formar cidadãos críticos e conscientes.

Logo, a gestão democrática também desempenha um papel central na promoção da inclusão e da equidade no ambiente escolar. Ao assegurar a participação de todos os segmentos da comunidade escolar, o fazer-pensar democrático cria oportunidades para que as vozes dos grupos tradicionalmente marginalizados sejam ouvidas e consideradas nas decisões educacionais. Perrenoud (2001) argumenta que a gestão democrática é a via para promover a equidade no ambiente escolar, pois ela permite que todas as vozes, especialmente as dos grupos mais vulneráveis, sejam ouvidas e consideradas nas decisões que afetam o cotidiano escolar. Nesse contexto, a gestão democrática é uma ferramenta poderosa para combater as desigualdades educacionais e promover uma educação mais inclusiva e acessível para todos.

Outrossim, a gestão democrática e participativa contribui para a construção de um ambiente escolar mais transparente e responsável. Quando todos os membros da comunidade escolar participam ativamente das decisões, há uma maior clareza sobre os objetivos e as ações da escola, o que fortalece a confiança entre gestores, professores, discentes e famílias. Segundo Dewey (1933, p. 56), "a gestão democrática promove a transparência e a responsabilidade, ao envolver todos os membros da comunidade escolar na construção e na implementação do projeto pedagógico". Essa transparência cumpre a função de garantir que o PPP seja um documento legítimo e representativo, que realmente reflita as necessidades e expectativas da comunidade escolar.

Nesse contexto, a gestão democrática e participativa é um princípio basilar para a promoção da inovação pedagógica e da melhoria contínua da qualidade do ensino. Quando os membros da comunidade escolar são incentivados a participar ativamente das decisões educacionais, eles se tornam mais engajados e motivados a contribuir para a construção de práticas pedagógicas transformadoras. Como observa Freire (1996, p. 89), "a gestão democrática cria um ambiente propício para a inovação pedagógica, ao promover a colaboração e a troca de experiências entre os membros da comunidade escolar". Dessa forma, a gestão democrática não apenas fortalece a coesão entre os membros da comunidade escolar, mas também contribui para a construção de uma educação que seja relevante, inclusiva e promissora de novas culturas participativas.

3.4.2 A gestão democrática como eixo central na construção e implementação do PPP alinhado à BNCC

Conforme já discutido anteriormente, a gestão democrática desempenha um papel central na construção e implementação do Projeto Político-Pedagógico alinhado à Base Nacional Comum Curricular. O PPP é um documento que expressa a identidade da escola, refletindo suas finalidades, valores e objetivos educacionais, e deve ser construído de forma coletiva, com a participação ativa de todos os membros da comunidade escolar. Nesse sentido, a gestão democrática assegura que o PPP seja um documento representativo e legítimo, que realmente reflita as necessidades e expectativas da comunidade escolar. Veiga (2013) destaca que o PPP, enquanto expressão da identidade da escola, deve ser construído de forma democrática, com a participação ativa de todos os membros da comunidade escolar. Com essa perspectiva, a gestão democrática é o eixo central que orienta a construção do PPP, garantindo que ele seja um documento que promova a inclusão e a equidade no ambiente escolar.

A elaboração do PPP, em conformidade com a BNCC, requer uma articulação minuciosa entre as diretrizes estabelecidas e as particularidades locais de cada escola. Nesse cenário, a gestão democrática desempenha um papel fundamental ao garantir que essa articulação ocorra de maneira colaborativa e transparente, envolvendo toda a comunidade escolar. Isso possibilita que as orientações da BNCC sejam não apenas seguidas, mas interpretadas e ajustadas conforme as demandas e contextos específicos da instituição. Assim, a gestão democrática não apenas legitima o PPP como um documento participativo, mas também o consolida como um instrumento que favorece a integração e a equidade dentro do ambiente educacional.

A implementação do PPP, alinhado à BNCC, também depende da gestão democrática para garantir que as práticas pedagógicas reflitam os objetivos e as diretrizes estabelecidas no documento. A gestão democrática permite que a comunidade escolar participe ativamente da implementação do PPP, contribuindo para a construção de práticas pedagógicas que sejam significativas e contextualizadas. Nessa compreensão, Libâneo (2013, 74) argumenta que

> [...] a gestão democrática é essencial para garantir que a implementação do PPP seja um processo participativo, onde as práticas pedagógicas sejam construídas coletivamente e reflitam os objetivos e diretrizes estabelecidos no documento.

Logo, a gestão democrática assegura que a implementação do PPP seja um processo inclusivo e representativo, onde todos os membros da comunidade escolar tenham a oportunidade de contribuir para a construção de uma educação de qualidade.

Inclusive, outro aspecto importante da gestão democrática na construção e implementação do PPP é a promoção da corresponsabilidade entre os membros da comunidade escolar. A gestão democrática promove a corresponsabilidade ao assegurar que todos os membros da comunidade escolar participem ativamente das decisões e das ações que afetam o cotidiano escolar e o processo educativo. Dessa maneira, a gestão democrática não apenas reforça a união entre os integrantes da comunidade escolar, como também desempenha um papel central na criação de um ambiente educacional mais justo e inclusivo, promovendo a equidade em todas as suas dimensões.

Além disso, a gestão democrática assume um papel central na promoção da transparência e da responsabilização durante o processo de implementação do PPP. Quando todos os integrantes da comunidade escolar estão envolvidos nas decisões, há uma maior clareza quanto aos objetivos e às ações da escola, fortalecendo a confiança mútua entre gestores, professores, alunos e suas famílias. Essa transparência é essencial para assegurar que o PPP seja um documento legítimo e representativo, alinhado às reais necessidades e expectativas da comunidade escolar.

Portanto, a gestão democrática e participativa é fundamental para garantir que o PPP seja um documento dinâmico e flexível, que possa ser ajustado e atualizado, de acordo com as necessidades e desafios que surgem no cotidiano escolar. A gestão democrática permite que a comunidade escolar participe ativamente da avaliação e da revisão do PPP, contribuindo para a construção de um documento que seja sempre relevante e atualizado. Dessa forma, a gestão democrática assegura que o PPP seja um documento dinâmico, que realmente promova a coesão e a inclusão no ambiente escolar.

3.4.3 Exemplos de práticas de gestão participativa que fortalecem a relação entre BNCC e PPP

Existem várias práticas de gestão participativa que podem ser implementadas para fortalecer a relação entre a Base Nacional Comum Curricular e o Projeto Político-Pedagógico, garantindo que as diretrizes normativas sejam adaptadas às especificidades locais e implementadas de forma pertinente. Uma das práticas mais eficazes é a realização de assembleias escolares regulares, por meio das quais todos os membros da comunidade escolar têm a oportunidade de discutir e decidir sobre questões que afetam o cotidiano escolar e o processo educativo. Explica Libâneo (2013, p. 91) que

> [...] as assembleias escolares são uma prática de gestão participativa que permite que todos os membros da comunidade escolar participem ativamente das decisões, garantindo

que as diretrizes normativas sejam adaptadas às especificidades locais.

Um outro exemplo de prática interessante de gestão participativa é a criação de comissões ou grupos de trabalho compostos por representantes de todos os segmentos da comunidade escolar. Essas comissões podem ser responsáveis por diferentes aspectos da implementação do PPP, como o planejamento pedagógico, a avaliação das práticas pedagógicas, a organização de eventos escolares e a promoção da inclusão e da equidade no ambiente escolar. Perrenoud (2001, p. 115) destaca que a criação de comissões ou grupos de trabalho é uma prática de gestão participativa que permite que todos os segmentos da comunidade escolar estejam representados nas decisões, contribuindo para a construção de um ambiente educativo mais inclusivo e equitativo. Essas comissões não apenas fortalecem a participação da comunidade escolar, mas também promovem a corresponsabilidade e a cooperação entre seus membros, conforme já analisado anteriormente.

A utilização de questionários e consultas públicas, com uso de formulários eletrônicos de amplo alcance, por exemplo, também é uma prática de gestão participativa que pode ser utilizada para fortalecer a comunicação no ambiente escolar. Esses instrumentos permitem que a comunidade expresse suas opiniões e dê sugestões sobre diferentes aspectos do processo educativo, como a implementação do currículo, a organização do calendário escolar, a avaliação dos educandos e as práticas pedagógicas. Os questionários e as consultas públicas são práticas de gestão participativa que permitem que a comunidade escolar participe ativamente das decisões, garantindo que o PPP seja um documento legítimo e representativo. Essas práticas promovem a transparência e a responsabilidade, ao mesmo tempo em que asseguram que as decisões educacionais reflitam as necessidades e demandas da comunidade escolar.

Uma proposta complementar é a realização de reuniões pedagógicas regulares[9], nas quais os professores têm a oportunidade de discutir e planejar coletivamente as práticas pedagógicas, assegurando que elas estejam alinhadas com as diretrizes da BNCC e com os objetivos do PPP. Essas reuniões permitem que os professores compartilhem suas experiências, troquem ideias e desenvolvam estratégias conjuntas para enfrentar

---

[9] A exemplo do estado de Goiás, há o Dia de Trabalho Coletivo. No caso da Rede Municipal de São Luís de Montes Belos, há o Planejamento Participativo. Ambos os casos são devidamente previstos no calendário escolar.

os desafios da implementação do currículo. As reuniões pedagógicas, enquanto momentos formativos no contexto escolar, são fundamentais para fortalecer a articulação entre o currículo oficial e as práticas pedagógicas cotidianas. Esses espaços promovem uma educação que não só respeita a diversidade e a inclusão, mas também assegura a relevância dos conteúdos e metodologias adotadas, tornando o processo de ensino-aprendizagem mais coerente e significativo para todos os envolvidos.

A promoção de projetos escolares que envolvam a participação ativa de toda a comunidade escolar também é uma prática de gestão participativa. Esses projetos podem abordar diferentes temas, como a preservação do meio ambiente, a promoção da saúde, a valorização da diversidade cultural e o combate à violência e ao *bullying*. De acordo com Perrenoud (2001, p. 127),

> [...] os projetos escolares são uma prática de gestão participativa que permite que todos os membros da comunidade escolar trabalhem juntos para alcançar objetivos comuns, promovendo a coesão e a inclusão no ambiente escolar.

Esses projetos não apenas fortalecem a relação entre a BNCC e o PPP, mas também contribuem para a construção de uma cultura escolar que valorize a participação, a cooperação e a solidariedade.

Por fim, a promoção de encontros e eventos que envolvam a participação de toda a comunidade escolar é uma prática de gestão participativa que pode fortalecer o currículo escolar e os vínculos com a comunidade. Esses encontros e eventos, como feiras culturais, seminários, debates e atividades esportivas, permitem que a comunidade escolar se reúna para discutir questões relevantes, compartilhar experiências e celebrar suas conquistas, fortalecendo a convivência e o senso de pertencimento. Assim, esses encontros e eventos contribuem para a construção de um ambiente educativo mais inclusivo e aprazível, onde todos os membros da comunidade escolar se sintam valorizados e respeitados.

3.5 Desafios e perspectivas na articulação entre BNCC e PPP

Conforme assinalado anteriormente, a articulação entre a Base Nacional Comum Curricular e o Projeto Político-Pedagógico representa um dos maiores desafios enfrentados pelas escolas brasileiras na atualidade. Essa articulação é fundamental para assegurar que as diretrizes estabelecidas pela BNCC sejam implementadas de forma que considerem as especificidades de cada comunidade escolar, promovendo uma educação de qualidade e equitativa. No entanto, o processo de integração entre o currículo oficial, real e oculto, por meio do PPP, encontra inúmeras barreiras, que vão desde questões estruturais até desafios pedagógicos e culturais. Este subtítulo busca realizar uma análise crítica desses desafios e, ao mesmo tempo, explorar as perspectivas futuras que podem contribuir para a superação dessas dificuldades e o fortalecimento da integração entre os diferentes níveis do currículo escolar. Ao abordar essas questões, é possível vislumbrar caminhos que permitam a construção de uma educação mais inclusiva, relevante e transformadora, capaz de responder às demandas sociais e promover o desenvolvimento integral dos estudantes.

3.5.1 Análise crítica dos desafios enfrentados pelas escolas na articulação entre BNCC e PPP

A articulação entre a BNCC e o PPP nas escolas brasileiras é um processo que se depara com desafios complexos e multifacetados. Um dos principais obstáculos reside na diversidade cultural, social e econômica do Brasil, que torna difícil a aplicação homogênea das diretrizes curriculares em um país marcado por profundas desigualdades. A padronização proposta pela BNCC, ao definir um conjunto comum de competências e habilidades a serem desenvolvidas por todos os estudantes, pode colidir com as especificidades locais, gerando uma desconexão entre o currículo oficial e as realidades das escolas. Segundo Veiga (2013, p. 190), "a uniformidade curricular, embora bem-intencionada, pode não contemplar as particularidades das diferentes regiões e comunidades, resultando em uma educação que não dialoga com as necessidades dos alunos". Essa desconexão entre o currículo normativo e as práticas pedagógicas locais é um dos maiores desafios na implementação da BNCC, pois compromete a relevância e a eficácia do processo educativo.

A formação continuada dos professores também se configura como um grande desafio. Embora a BNCC tenha introduzido novas diretrizes e competências que exigem uma atualização das práticas pedagógicas, a oferta de formação continuada que capacite os educadores para lidar com essas mudanças ainda é insuficiente. Os professores, frequentemente, veem-se diante de exigências curriculares para as quais não foram adequadamente preparados, o que gera insegurança e resistência. Tardif (2014, p. 122) ressalta que "a formação inadequada dos professores compromete a implementação das inovações curriculares, pois os educadores não dispõem das ferramentas necessárias para adaptar suas práticas às novas exigências". Essa lacuna na formação continuada não só dificulta a adaptação das emanações da BNCC ao contexto escolar, mas também limita o potencial dos professores de inovar e enriquecer o currículo de forma que atenda às necessidades reais dos estudantes.

A infraestrutura escolar é outro fator crítico que influencia a capacidade das escolas de articular a BNCC com o PPP. Em muitas regiões do Brasil, especialmente nas áreas rurais e nas periferias urbanas, as escolas enfrentam graves deficiências estruturais, como falta de materiais didáticos, tecnologia inadequada e espaços físicos insuficientes, às vezes até insalubres. Essas carências limitam a capacidade das escolas de implementar o que preconiza a Base em sua completude. Como destacam Nascimento, Nascimento e Lima (2020, p. 148), "a infraestrutura escolar deficiente compromete a qualidade do ensino e a implementação de metodologias que são essenciais para o desenvolvimento das competências estabelecidas pela BNCC". A falta de condições adequadas para o ensino acentua as desigualdades educacionais, uma vez que escolas em contextos mais favorecidos conseguem implementar o currículo de forma mais eficaz do que aquelas em regiões menos desenvolvidas, fator que muitas vezes não é considerado nas avaliações padronizadas em larga escala.

A resistência à mudança é um desafio adicional que permeia a articulação entre a BNCC e o PPP. A implementação da Base requer uma reconfiguração das práticas pedagógicas tradicionais, o que pode gerar resistência entre os educadores e outros membros da comunidade escolar. Segundo Perrenoud (2001, p. 134), "a resistência às inovações curriculares é frequentemente resultado de uma combinação de fatores, incluindo a insegurança dos professores em relação às novas exigências e a falta de suporte institucional". Essa resistência é agravada pela falta de uma cultura escolar que valorize a inovação e a experimentação pedagógica, resultando em uma implementação superficial das diretrizes nacionais, que muitas vezes se limita ao cumprimento formal das normas, sem uma real transformação das práticas educativas.

A integração entre o currículo oficial, real e oculto também apresenta desafios significativos. Enquanto a BNCC define o currículo oficial, as práticas pedagógicas que ocorrem no dia a dia das escolas muitas vezes divergem do que está prescrito no documento. Ademais, o currículo oculto — composto por valores, relações de poder, atitudes e normas implícitas que são transmitidos no ambiente escolar — pode influenciar de maneira sutil, mas poderosa, a formação dos estudantes, muitas vezes em contradição com os objetivos explícitos do currículo oficial. Nesse sentido, Tardif (2014, p. 167) afirma que "a desarticulação entre os diferentes níveis do currículo compromete a coerência do processo educativo e pode levar a resultados que não estão alinhados com os objetivos propostos". Essa desarticulação exige uma reflexão crítica e uma abordagem integrada por parte das escolas, que precisam desenvolver estratégias para alinhar o currículo oficial com as práticas reais e os elementos do currículo oculto.

Em reflexão adicional, a gestão democrática e participativa, embora fundamental para a construção e implementação do PPP, enfrenta desafios na sua efetiva realização. A participação ativa de todos os segmentos da comunidade escolar nem sempre é garantida, devido aos fatores como a falta de cultura participativa, a centralização das decisões e a pouca valorização das vozes dos estudantes, pais e outros membros da comunidade. Tem-se, conforme exposto no Quadro 9, um modelo de participação tutelada, restrita e/ou funcional, que vai de encontro com a perspectiva democrática. De acordo com Veiga (2013, p. 182), "a gestão democrática é essencial para a construção de um PPP que realmente reflita as necessidades e expectativas da comunidade escolar, mas sua implementação enfrenta obstáculos estruturais e culturais". A ausência de uma gestão democrática efetiva pode resultar em um PPP que, embora formalmente alinhado à BNCC, não seja capaz de promover uma educação que realmente atenda às necessidades dos estudantes e da comunidade escolar.

3.5.2 Perspectivas futuras para a superação dos desafios e o fortalecimento da integração entre currículo oficial, real e oculto

Diante dos desafios identificados, é necessário adotar uma série de perspectivas que possam contribuir para a superação dessas dificuldades e o fortalecimento da articulação entre a BNCC e o PPP. Uma das principais perspectivas é o investimento robusto em programas de formação continuada para professores e gestores escolares. Esses programas devem ser desenhados para abordar diretamente as exigências da BNCC, oferecendo uma capacitação teórico-prática-crítica e contextualizada que prepare os educadores para adaptar as diretrizes nacionais às necessidades locais. A formação continuada, quando focada nas reais necessidades dos educadores, pode transformar a prática pedagógica e permitir uma implementação mais eficaz e contextualizada da BNCC. A formação continuada, portanto, é uma estratégia estruturante para assegurar que os educadores estejam intelectualmente munidos com as habilidades e o conhecimento necessários para enfrentar os desafios impostos pela Base.

A criação de redes de colaboração[10] entre escolas, gestores e professores também é uma perspectiva promissora para enfrentar os desafios da articulação entre BNCC e PPP. Essas redes podem servir como plataformas para a troca de experiências, a discussão de boas práticas e a construção coletiva de soluções para os problemas comuns enfrentados pelas escolas. A colaboração entre diferentes atores educacionais promove um senso de comunidade e compartilhamento, que é essencial para a inovação pedagógica e para a adaptação das diretrizes curriculares aos diversos contextos. Logo, as redes de colaboração podem atuar como catalisadores para a construção de uma educação mais significativa e relevante.

Ainda, é imprescindível investimentos na melhoria da infraestrutura escolar, que é um requisito para a implementação da Base nas perspectivas lançadas no documento normativo. As disparidades na qualidade da infraestrutura escolar entre diferentes regiões do país precisam ser abordadas por meio de políticas públicas que garantam investimentos adequados em materiais didáticos, tecnologia e espaços e equipamentos de ensino. Justifica-se, pois, o fortalecimento da infraestrutura escolar não apenas facilita a aplicação do currículo oficial, mas também cria condições mais equitativas para que todos os estudantes tenham acesso a uma educação de qualidade.

A promoção de uma cultura escolar que valorize a inovação e a experimentação pedagógica é outra perspectiva importante para a superação dos desafios da articulação entre BNCC e PPP. Para que a implementação da Base seja efetiva, é necessário que as escolas incentivem os professores a explorar novas metodologias, adaptar o currículo às necessidades dos estudantes em seus variados contextos e refletir criticamente sobre suas práticas pedagógicas. Segundo Tardif (2014, p. 143), "a promoção de uma cultura de inovação é fundamental para que os professores se sintam

---

[10] Um ensaio de rede de colaboração que pode exemplificar tal proposta é a organização coletiva que os centros municipais de educação infantil da Rede de Ensino de São Luís de Montes Belos têm efetivado com a realização das formações do dia de Planejamento Participativo. Várias unidades se unem para fazerem juntas esses momentos de estudo, compartilhamentos e enriquecimento de repertório didático-pedagógico.

capacitados e encorajados a experimentar novas abordagens e a adaptar o currículo de forma criativa e relevante". Essa cultura de inovação deve ser apoiada por uma liderança escolar que valorize a participação dos educadores no processo de tomada de decisões e que promova um ambiente de colaboração e aprendizagem contínua.

A convergência entre o currículo oficial, real e oculto deve ser vista como uma prioridade nas escolas, exigindo uma abordagem alinhada que considere todos os aspectos do processo educativo. Essa integração só pode ser alcançada por meio de uma reflexão crítica e contínua sobre as práticas pedagógicas, que envolva não apenas os educadores, mas também os estudantes, pais e outros segmentos da comunidade escolar. A partir dessa concepção, as escolas podem desenvolver estratégias que assegurem que o currículo oficial não seja apenas implementado de maneira superficial, mas que seja efetivamente integrado às práticas pedagógicas diárias e às dinâmicas implícitas que moldam o ambiente escolar.

Visto o exposto, é relevante que as escolas e os gestores educacionais adotem uma abordagem crítica e reflexiva em relação ao PPP e sua interlocução com a Base Nacional, garantindo que ele seja um documento vivo, que possa ser constantemente revisado e atualizado de acordo com as necessidades emergentes. A gestão democrática e participativa desempenha um papel estruturante nesse processo, pois permite que todos os segmentos da comunidade escolar participem ativamente da construção e da revisão do PPP. Logo, a articulação entre esse documento escolar e a BNCC pode ser fortalecida por meio de uma gestão escolar que valorize a participação, a reflexão crítica e a inovação, assegurando que a educação oferecida seja relevante, transformadora e adaptada às realidades dos estudantes.

Em síntese, a superação dos desafios no alinhamento entre a BNCC e o PPP exige um esforço contínuo e coletivo, que envolva todos os atores educacionais em um processo de construção colaborativa e reflexão crítica. Ao investir na formação continuada, na melhoria da infraestrutura escolar, na promoção de uma cultura de inovação e na integração dos diferentes níveis de currículo, as escolas podem fortalecer a relação entre esses dois documentos basilares do fazer-pensar escolar, promovendo uma educação que seja ao mesmo tempo de qualidade e socialmente justa. Essas perspectivas apontam para a necessidade de uma abordagem integrada e participativa, que considere as especificidades de cada comunidade escolar e que esteja comprometida com a construção de uma educação que prepare os estudantes para os desafios do século XXI.

Tecendo considerações

A articulação entre a Base Nacional Comum Curricular e o Projeto Político-Pedagógico é um processo estruturante para a construção de uma educação de qualidade nas escolas brasileiras. Ao longo deste capítulo, foi discutida a importância dessa articulação, não apenas como uma exigência normativa, mas como uma necessidade para que a educação possa responder de maneira significativa às demandas contemporâneas. A BNCC, ao estabelecer diretrizes comuns para o desenvolvimento das competências essenciais dos estudantes da educação básica, proporciona uma base para a construção de um currículo que seja padronizado nacionalmente. No entanto, para que essas diretrizes sejam efetivamente implementadas e promovam uma educação de qualidade, é necessário que sejam adaptadas e contextualizadas por meio do PPP, que reflete as especificidades de cada comunidade escolar. Essa relação entre a BNCC e o PPP, embora desafiadora, oferece uma oportunidade única para a construção de um currículo que seja ao mesmo tempo normativo e flexível, capaz de atender às diversas realidades educacionais do país.

Os desafios enfrentados pelas escolas na articulação entre esses dois documentos são numerosos e complexos. A diversidade cultural, social e econômica do Brasil, a falta de formação continuada adequada para os professores, a infraestrutura escolar deficiente, a resistência às mudanças e a desarticulação entre os diferentes níveis do currículo são apenas alguns dos obstáculos identificados. Esses desafios evidenciam as tensões entre o currículo oficial, estabelecido pela Base, e as práticas pedagógicas reais e ocultas que ocorrem no cotidiano escolar. Por outro lado, é justamente na superação desses desafios que reside o potencial transformador do alinhamento entre BNCC e PPP. Ao enfrentar essas dificuldades de maneira crítica e reflexiva, as escolas podem desenvolver estratégias inovadoras que não apenas cumpram as exigências normativas, mas que também promovam uma educação que seja relevante, inclusiva e capaz de responder às necessidades da comunidade.

A superação desses desafios passa, necessariamente, pela valorização do papel das unidades escolares, gestores e professores na implementação do currículo. As unidades escolares são o espaço onde as diretrizes da BNCC se materializam em práticas pedagógicas concretas, adaptadas às especificidades locais. Os gestores, por sua vez, desempenham um papel propulsor na liderança desse processo, promovendo uma gestão democrática e participativa que assegure a construção coletiva do PPP com as adequações necessárias às deliberações em âmbito nacional. Os professores, como agentes diretos do processo educativo, são responsáveis por interpretar e aplicar o currículo de maneira que ele seja significativo para os estudantes, promovendo uma aprendizagem que vá além dos conteúdos prescritos, abrangendo também o desenvolvimento de competências socioemocionais e a formação integral.

A gestão democrática e participativa emerge como um princípio basilar para a construção e implementação de um PPP que esteja verdadeiramente alinhado à BNCC. A participação ativa de todos os segmentos da comunidade escolar — incluindo estudantes, pais, professores e funcionários — é essencial para garantir que o PPP seja um documento legítimo, que reflita as necessidades e expectativas da comunidade escolar e que promova uma educação inclusiva e equitativa. Ademais, a gestão democrática assegura que o PPP seja um documento dinâmico, capaz de se adaptar às mudanças e desafios que surgem no cotidiano escolar, promovendo a inovação pedagógica e a melhoria contínua da qualidade do ensino.

As perspectivas futuras para a articulação entre BNCC e PPP indicam a necessidade de um investimento contínuo em formação continuada, que capacite os professores e gestores para lidar com as exigências curriculares de maneira crítica, consciente e contextualizada. A criação de redes de colaboração entre escolas, gestores e professores, a melhoria da infraestrutura escolar e a promoção de uma cultura de inovação e experimentação pedagógica são estratégias promissoras para fortalecer a relação entre esses dois documentos. Essas estratégias, quando implementadas de forma integrada e participativa, têm o potencial de transformar os desafios em oportunidades, promovendo uma educação que seja ao mesmo tempo relevante e transformadora.

Em última análise, a articulação entre a BNCC e o PPP deve ser vista como um processo contínuo, que exige reflexão crítica, adaptação e inovação. Essa articulação não deve ser compreendida apenas como uma obrigação normativa, mas como uma oportunidade para a construção de uma educação que seja verdadeiramente democrática, inclusiva e capaz de promover o desenvolvimento integral dos estudantes. Ao valorizar o papel das unidades escolares, gestores e professores e ao adotar uma abordagem crítica e reflexiva, as escolas podem garantir que o currículo seja um instrumento de transformação social, capaz de preparar os educandos para os desafios do século XXI.

Por fim, embora os desafios sejam numerosos, as perspectivas apontam para a possibilidade de construir um currículo que, ao mesmo tempo em que cumpre as exigências normativas, seja capaz de responder às demandas específicas de cada comunidade escolar. Essa construção exige um esforço coletivo, que envolva todos os atores educacionais em um processo de diálogo, colaboração e inovação contínua. É uma possibilidade para assegurar que a educação oferecida nas escolas brasileiras seja inclusiva, equitativa e capaz de promover a formação integral dos educandos, preparando-os para exercerem sua cidadania de maneira plena e consciente.

CONSIDERAÇÕES FINAIS

A reflexão do professor Luiz Fernandes Dourado, que salienta a ausência de uma relação linear entre a proposição de políticas públicas e sua efetiva materialização, é um ponto de partida fundamental para compreendermos as intricadas dinâmicas envolvidas na implementação de políticas educacionais no Brasil, particularmente no que tange à Base Nacional Comum Curricular e ao Projeto Político-Pedagógico. Embora a BNCC tenha sido concebida como um marco regulatório para homogeneizar a formação dos estudantes em todo o país, sua eficácia está intrinsecamente ligada à capacidade dos gestores, professores e da comunidade escolar em traduzir as diretrizes normativas em práticas pedagógicas concretas e contextualizadas. Sem essa mediação crítica e reflexiva, o potencial transformador da BNCC, nas palavras de seus construtores, corre o risco de se perder, permanecendo apenas no plano da intenção.

A complexidade da articulação entre a BNCC e o PPP não reside apenas na implementação técnica das diretrizes, mas na profunda necessidade de adaptação dessas orientações às realidades locais, que são marcadas por uma imensa diversidade cultural, social e econômica. O Brasil, com sua vastidão territorial e multiplicidade de contextos regionais, desafia qualquer tentativa de padronização curricular, tornando o PPP um instrumento indispensável para que as escolas possam contextualizar a BNCC de forma que ela se torne relevante e significativa para seus estudantes. Essa tarefa exige dos educadores uma capacidade de interpretação crítica, que vá além da simples aplicação das normas, promovendo uma verdadeira integração entre o currículo oficial e as práticas pedagógicas que emergem do cotidiano escolar — o currículo real e o currículo oculto.

A formação continuada dos professores, nesse contexto, não é apenas desejável, mas imperativa. A BNCC introduz uma abordagem baseada no desenvolvimento de competências que exige uma revisão profunda das práticas pedagógicas tradicionais, algo que não pode ser realizado de forma superficial. Os professores precisam estar preparados para transformar essas diretrizes em experiências de aprendizagem que sejam ao mesmo tempo desafiadoras e inclusivas. Contudo, a realidade da educação brasileira ainda é marcada por disparidades significativas na oferta de formação continuada, o que compromete a capacidade das escolas de implementar a BNCC de maneira eficaz. Sem essa formação, que deve ser contínua, os professores podem se encontrar desorientados diante das novas exigências, perpetuando práticas pedagógicas que não dialogam com as necessidades do século XXI.

O PPP, por sua vez, assume um papel central na operacionalização da BNCC dentro das escolas. Ele é o documento que expressa a autonomia escolar, permitindo que cada instituição desenvolva um projeto educativo que esteja em sintonia com as diretrizes nacionais, mas que também respeite e valorize as especificidades locais. Essa autonomia, entretanto, não deve ser vista como uma liberdade irrestrita, mas como uma responsabilidade que requer uma gestão democrática e participativa. O processo de elaboração do PPP deve ser inclusivo, envolvendo todos os segmentos da comunidade escolar em uma reflexão coletiva sobre as finalidades da educação e os meios para alcançá-las. Nessa perspectiva, o PPP poderá cumprir seu papel de mediar as tensões entre a padronização proposta pela BNCC e a diversidade das realidades escolares.

A gestão democrática, portanto, emerge como um princípio orientador essencial para a construção de um PPP que seja ao mesmo tempo legítimo, constitutivo e constituinte das práticas educativas. A participação ativa de todos os membros da comunidade escolar não apenas legitima o PPP, mas também garante que ele seja um documento dinâmico, capaz de se adaptar às mudanças e desafios que surgem ao longo do tempo. Essa participação é particularmente importante em um contexto de implementação de políticas curriculares como a BNCC, que exige uma constante negociação entre o que é prescrito e o que é possível realizar na prática. Sem uma gestão democrática, o PPP corre o risco de se tornar um documento meramente formal, desconectado das realidades vividas pelos estudantes e professores.

As críticas acadêmicas à BNCC têm levantado questões importantes sobre os possíveis efeitos de uma centralização curricular que, ao buscar a padronização, pode acabar ignorando as especificidades locais e as particularidades culturais e socioeconômicas. Há uma leitura de que a BNCC possa promover uma visão tecnicista da educação, focada exclusivamente no desenvolvimento de competências cognitivas em detrimento de uma formação mais ampla e humanista. Essas críticas são pertinentes e devem ser levadas em consideração no processo de implementação, especialmente, porque revelam as tensões subjacentes entre a necessidade de estabelecer um padrão nacional de qualidade e a importância de valorizar a diversidade que caracteriza a sociedade brasileira.

Contudo, é preciso reconhecer que a BNCC também oferece oportunidades significativas para a promoção de uma educação mais equitativa, desde que sua implementação seja realizada de maneira flexível e contextualizada. O PPP, nesse sentido, é o instrumento que permite essa contextualização, adaptando as diretrizes gerais da BNCC às realidades locais e garantindo que a educação oferecida seja relevante para os estudantes. A articulação entre BNCC e PPP, portanto, não deve ser vista como um simples alinhamento burocrático, mas como um processo criativo e reflexivo que envolve todos os atores educacionais em um esforço conjunto para construir uma educação de qualidade.

A relação entre o currículo oficial, real e oculto é outro aspecto que merece destaque. Enquanto a BNCC define o currículo oficial, as práticas pedagógicas diárias nas escolas, que constituem o currículo real, muitas vezes divergem do que está prescrito, revelando a existência de um descompasso entre o que se espera e o que de fato acontece nas salas de aula. Além disso, o currículo oculto — que compreende as normas, relações de poder, valores e atitudes que são transmitidos implicitamente no ambiente escolar — exerce uma influência significativa na formação dos estudantes, muitas vezes em contradição com os objetivos explícitos da BNCC. O PPP, ao integrar esses diferentes níveis de currículo, desempenha um papel central na construção de uma educação que seja coerente e de formação integral.

A implementação da BNCC, nesse contexto, não deve ser vista como um fim em si mesmo, mas como parte de um processo mais amplo de transformação curricular que envolve a construção de um PPP forte e representativo. Esse processo exige não apenas um profundo conhecimento técnico das diretrizes curriculares, mas também uma sensibilidade para as especificidades locais e uma disposição para a inovação pedagógica. Os gestores escolares, assim, têm um papel estratégico, pois cabe a eles liderar o processo de elaboração do PPP, garantindo que ele seja um documento vivo, capaz de promover a integração entre o currículo oficial e as práticas pedagógicas reais.

As perspectivas futuras para a articulação entre BNCC e PPP apontam para a necessidade de um compromisso contínuo com a formação de professores, a inovação pedagógica e a gestão democrática. Esses elementos são basilares para garantir que as políticas curriculares adotadas no Brasil sejam efetivas e contribuam para a construção de uma sociedade mais justa e igualitária. A BNCC e o PPP, enquanto documentos normativos e estruturantes, têm o potencial de transformar a educação no país, mas essa transformação só irá se concretizar se houver um esforço coletivo para fazer com que essas políticas ganhem vida no cotidiano das escolas, de forma crítica, reflexiva e emancipatória.

Finalmente, é importante ressaltar que o êxito da BNCC como política curricular depende, em última instância, da capacidade dos educadores de interpretar e adaptar suas diretrizes de maneira crítica e criativa. O PPP, enquanto documento que expressa a autonomia da escola, é o ponto de partida para essa adaptação, mas também deve ser visto como um ponto de chegada, pois é nele que a BNCC se concretiza em práticas pedagógicas que fazem sentido para os estudantes. A construção de um PPP forte, que seja representativo e contextualizado, é, portanto, a chave para garantir que a BNCC cumpra seu papel de promover uma educação de qualidade para todos.

Este livro buscou oferecer uma análise crítica e detalhada das políticas curriculares no Brasil, com foco na BNCC e no PPP, e espera contribuir para a compreensão dos desafios e das possibilidades que se apresentam na implementação dessas políticas nas escolas. Ao longo dos capítulos, foram exploradas as bases teóricas, os marcos históricos, as críticas acadêmicas e as perspectivas futuras dessas políticas, sempre com o objetivo de oferecer subsídios para a construção de uma educação que seja ao mesmo tempo equitativa, inclusiva e de qualidade.

Em suma, a educação de qualidade no Brasil só será possível se as escolas, os gestores e os professores assumirem o protagonismo na implementação das políticas curriculares, utilizando o PPP como instrumento de mediação crítica entre as diretrizes normativas e as realidades locais. A BNCC e o PPP, juntos, representam uma oportunidade possível no cenário atual para fortalecer o sistema educacional brasileiro, mas essa só se concretizará se houver um esforço coletivo para transformar essas diretrizes em práticas pedagógicas que realmente façam a diferença na vida dos estudantes. A construção de uma educação equitativa, inclusiva e de qualidade socialmente referenciada é um problema coletivo, e este livro busca oferecer as ferramentas teóricas e exemplos práticos como contribuição para enfrentar esse desafio com competência e compromisso.

REFERÊNCIAS

ALMEIDA, Laurinda Ramalho de; PLACCO, Vera Maria Nigro de Souza (org.). **O coordenador pedagógico no espaço escolar**: articulador, formador e transformador. São Paulo: Edições Loyola, 2015.

ALVES, Edson Ferreira (org.). **BNCC e PPP**: conceitos, articulações e vivências. Curitiba: Editora Bagai, 2024.

ALVES, Edson Ferreira. A meta 19 do PNE 2014-2024 e os PMEs das capitais brasileiras: implicações para a gestão democrática. *In:* DOURADO, Luiz Fernandes (org.). **PNE, políticas e gestão da educação**: novas formas de organização e privatização. Brasília: Anpae, 2020. p. 399-421.

ALVES, Edson Ferreira. **Conselhos Municipais de Educação em Goiás**: historicidade, movimentos e possibilidades. 2011. 209f. Dissertação (Mestrado em Educação) – Programa de Pós-Graduação em Educação, Faculdade de Educação, Universidade Federal de Goiás, Goiânia, 2011.

ALVES, Edson Ferreira. **Estado e Federalismo no contexto da elaboração dos Planos Municipais de Educação em Goiás**. Curitiba: Appris, 2024.

ALVES, Edson Ferreira. Planejamento de aula docente: orientações e reflexões sobre a prática. *In:* ARAÚJO, Vanessa Freitag de (org.). **A prática pedagógica e as concepções de ensino-aprendizagem**. Ponta Grossa: Atena, 2023. p. 216-227.

BENDER, William N. **Aprendizagem baseada em projetos**: educação diferenciada para o século XXI. Porto Alegre: Penso, 2014.

BETINI, Natália. **O Projeto Político-Pedagógico e a gestão escolar democrática**: uma análise das concepções e práticas dos gestores escolares. 2019. Dissertação (Mestrado em Educação) – Universidade Estadual Paulista, São Paulo, 2019.

BNCC na Educação Infantil: Saiba quais são os novos enfoques. **SAE Digital**, [s. l.], [20--]. Disponível em: https://sae.digital/bncc-na-educacao-infantil/. Acesso em: 10 jul. 2024.

BOSS, Suzie. **Ensino baseado em projetos**: como criar experiências de aprendizagem sólidas e envolventes. Porto Alegre: Penso, 2022.

BRASIL. Constituição [1988]. **Constituição da República Federativa do Brasil**. Brasília, DF: Senado Federal, 1988.

BRASIL. **Estatuto da Criança e do Adolescente (ECA)**. Lei n.º 8.069, de 13 de julho de 1990. Brasília: Presidência da República, 1990.

BRASIL. Lei n.º 13.005, de 25 de junho de 2014. Aprova o Plano Nacional de Educação (PNE) e dá outras providências. **Diário Oficial da União**, Brasília, DF, 26 jun. 2014.

BRASIL. **Lei n.º 8.069, de 13 de julho de 1990**. Estatuto da Criança e do Adolescente (ECA). Brasília, DF: Senado Federal, 1990.

BRASIL. Lei n.º 9.394, de 20 de dezembro de 1996. Estabelece as diretrizes e bases da educação nacional. **Diário Oficial da União**, Brasília, DF, 23 dez. 1996.

BRASIL. Ministério da Educação. **Base Nacional Comum Curricular (BNCC)**. Brasília, DF: MEC, 2018.

BRASIL. **Parâmetros Curriculares Nacionais (PCNs)**. Brasília, DF: MEC/SEF, 1997.

BRASIL. **Referencial Curricular Nacional para a Educação Infantil (RCNEI)**. MEC/SEF, 1998.

CABRAL NETO, Antônio; SILVA, Cláudia Maria da. **Gestão democrática nas escolas públicas**: desafios e perspectivas. São Paulo: Cortez, 2004.

CANDAU, Vera Maria (org.). **A didática em questão**. 32. ed. Petrópolis, RJ: Vozes, 2011.

CARNOY, Martin. **A vantagem acadêmica de nações**: porque os alunos de alguns países se saem melhor na escola do que os de outros. São Paulo: Editora Ática, 2002.

CELLARD, André. A análise documental. *In*: POUPART, Jean *et al*. **A pesquisa qualitativa**: enfoques epistemológicos e metodológicos. Petrópolis: Vozes, 2008. p. 295-316.

CLÍMACO, Fernanda. Ela vem chegando... BNCC na Educação Infantil! **Fernanda Cimaco**, [*s. l.*], 7 nov. 2018. Disponível em: fernandaclimaco.com.br/ela-vem-chegando-bncc-na-educacao-infantil/. Acesso em: 10 jul. 2024.

DEWEY, John. **Como pensamos**. 3. ed. São Paulo: Companhia Editora Nacional, 1933.

ENTENDA os fundamentos da BNCC de uma vez por todas! **Pedagogia Criativa**, [*s. l.*], 2020. Disponível em: https://www.pedagogiacriativa.com.br/2020/08/BNCC.html. Acesso em: 21 out. 2024.

FERRARI, Greicimara Vogt. A importância do coletivo na construção do Projeto Político Pedagógico da instituição escolar. **Caderno de Textos da Secretaria de Educação de Santa Catarina**, 2009.

FIGUEIREDO, Nice. Da importância dos artigos de revisão da literatura. **Revista Brasileira de Biblioteconomia e Documentação**, São Paulo, v. 23, n. 1/4, p. 131-135, jan./dez. 1990.

FINI, Maria Inês. **BNCC e Sistema de Avaliação da Educação Básica**. Brasília: Inep, 2017.

FREIRE, Paulo. **Pedagogia da autonomia**: saberes necessários à prática educativa. 31. ed. São Paulo: Paz e Terra, 1996.

FREITAS, Luiz Carlos de. Os reformadores empresariais da educação e a disputa pelo controle do processo pedagógico na escola. **Educação & Sociedade**, [s. l.], v. 35, n. 129, p. 1085-1114, 2014. Disponível em: https://doi.org/10.1590/ES0101-73302014143817. Acesso em: 27 jun. 2024.

GALIAN, Carlos; PIETRI, Flávia; SASSERON, Lília. **O aluno e o professor:** dos PCNs à BNCC. São Paulo: Papirus, 2020.

GARDNER, Howard. **Inteligências Múltiplas**: a teoria na prática. Porto Alegre: Artmed, 1995.

GONCALVES, Camilla Borini Vazzoler; CARVALHO, Janete Magalhães. Os códigos alfanuméricos da base nacional comum curricular (BNCC) para a educação infantil e as brincadeiras das crianças. **e-Curriculum**, São Paulo, v. 19, n. 1, p. 219-240, jan. 2021.

HABILIDADES da BNCC: O que são e para que servem? **SAE Digital**, [s. l.], [20--]. Disponível em: https://sae.digital/habilidades-da-bncc/. Acesso em: 24 ago. 2024.

HOFFMANN, Jussara. **Avaliação**: mito e desafio uma perspectiva construtivista. 36. ed. Porto Alegre: Editora Mediação, 2005.

INEP. **Novas Competências da Base Nacional Comum Curricular (BNCC)**. Brasília: Inep/MEC, 2022.

INFOGRÁFICOS. **Senado Notícias**, [s. l.], 2019. Disponível em: https://www12.senado.leg.br/noticias/infograficos/2019/01. Acesso em: 10 jul. 2024.

LIBÂNEO, José Carlos. **Didática**. 9. ed. São Paulo: Cortez, 2006.

LIBÂNEO, José Carlos. **Organização e gestão da escola**: teoria e prática. 6. ed. Goiânia: Alternativa, 2013.

LOPES, Alice Casimiro; MACEDO, Elizabeth. **Currículo**: debates contemporâneos. São Paulo: Cortez, 2011.

LUCK, Heloísa. **Gestão escolar e qualidade do ensino**: estratégias para a ação coletiva. Petrópolis: Vozes, 2008.

LUCKESI, Cipriano C. **Avaliação da aprendizagem escolar**: estudos e proposições. 17. ed. São Paulo: Cortez, 2005.

MACEDO, Elizabeth. **Currículo na contemporaneidade**: incertezas e desafios. São Paulo: Cortez, 2017.

MAIA, Benjamin Perez; COSTA, Margarete Terezinha de Andrade. Os desafios e as superações na construção coletiva do Projeto Político-Pedagógico. **Revista Brasileira de Política e Administração da Educação**, Brasília, v. 22, n. 1, p. 36-41, jan./jun. 2006.

MARÇAL, Juliane Corrêa. **Progestão**: como promover a construção coletiva do projeto pedagógico da escola? Módulo III. Brasília: Consed – Conselho Nacional de Secretários de Educação, 2001.

MEDEL, Cássia Ravena Mulin de Assis. **Projeto Político-Pedagógico**: construção e implementação na escola. Campinas: Autores Associados, 2012.

MOREIRA, Antonio Flavio Barbosa; VIEIRA, José Augusto Pacheco. **Currículo, conhecimento e identidade**. São Paulo: Cortez, 2010.

MORIN, Edgar. **Os sete saberes necessários à educação do futuro**. São Paulo: Cortez, 2000.

NASCIMENTO, Maria do Socorro Silva do; NASCIMENTO, Raimundo dos Santos; LIMA, Alberto Soares de. **Infraestrutura escolar e a qualidade do ensino**: desafios da educação pública no Brasil. Fortaleza: Edições UFC, 2020.

OCDE. **Relatório de política educacional no Brasil**. Organização para a Cooperação e Desenvolvimento Econômico. Brasília: MEC, 2016.

OLIVEIRA, Bruno de; LINDNER, Edson. Ensino de Ciências e as relações Étnico-Raciais: um olhar para a Base Nacional Comum Curricular. **Research, Society and Development**, [s. l.], v. 9, e3379108539, 2020.

OS CAMPOS de experiências na Educação Infantil. **MVC Editora**, [*s. l.*], [2020]. Disponível em: https://mvceditora.com.br/2020/07/23/os-campos-de-experiencias-na-educacao-infantil/. Acesso em: 21 set. 2024.

PEREIRA, Danielle Toledo. **Aprendizagem baseada em projetos**: planejamento e aplicação. Rio de Janeiro: Freitas Bastos, 2022.

PERRENOUD, Philippe. **Avaliação**: da excelência à regulação das aprendizagens, entre duas lógicas. Tradução de Patricia Chitonni Ramos. Porto Alegre: Artmed Editora, 1999.

PERRENOUD, Philippe. **Ensinar**: agir na urgência, decidir na incerteza. Porto Alegre: Artmed, 2001.

PIAGET, Jean. **Psicologia e Pedagogia**. São Paulo: Forense Universitária, 1972.

PIAGET, Jean. **A formação do símbolo na criança**: imitação, jogo e sonho, imagem e representação. Rio de Janeiro: Zahar, 1973.

PROJETO POLÍTICO PEDAGÓGICO - 3º ENCONTRO COM GESTORES E COORDE-NADORES. **Seduc**, Entre Rios, 7 jun. 2016. Disponível em: https://seducentrerios.blogspot.com/2016_06_07_archive.html. Acesso em: 12 ago. 2024.

PROJETO Político Pedagógico – Etapa Ensino Médio - Orientação para Escolas da Rede Estadual de Ensino Médio do Estado Do Pará (2022). Belém: SEDUC-PA, 2022. Disponível em: https://www.seduc.pa.gov.br/site/public/upload/arquivo/probncc/PROJETO_POLITICO_PEDAGOGICO-bb752.pdf. Acesso em: 12 ago. 2024.

ROSY, Rosyane. Educação infantil o planejamento na educação infantil e os desafios com a BNCC. **Slide Player**, [*s. l.*], 2019. Disponível em: https://slideplayer.com.br/slide/16112409/. Acesso em: 10 jul. 2024.

SÃO LUÍS DE MONTES BELOS (Município). Conselho Municipal de Educação. **Resolução CME/SLMBelos n.º 15, de 21 de outubro de 2019**. Regulamenta os processos de Credenciamento, Autorização de Funcionamento e Reconhecimento/Renovação de Ensino de instituições vinculadas ao Sistema Municipal de Ensino de São Luís de Montes Belos, Estado de Goiás, e dá outras providências. São Luís de Montes Belos – GO: CME, 2019.

SÃO LUÍS DE MONTES BELOS (Município). Conselho Municipal de Educação. **Resolução CME/SLMBelos n.º 01/2020**. Aprova o Documento Curricular de Goiás da Educação Infantil e Ensino Fundamental para o Sistema Municipal de Ensino de São Luís de Montes Belos – GO. CME: São Luís de Montes Belos, 2020.

SAVIANI, Dermeval. Educação escolar, currículo e sociedade: o problema da Base Nacional Comum Curricular. **Movimento** – Revista de Educação, [s. l.], v. 3, n. 4, p. 54-84, 2016. Disponível em: https://doi.org/10.22409/mov.v0i4. Acesso em: 27 jun. 2024.

SCHÖN, Donald A. **The reflective practitioner:** how professionals think in action. New York: Basic Books, 1983.

SILVA, Marilene. **BNCC e avaliação:** desafios e perspectivas. Belo Horizonte: Autêntica, 2021.

SILVA, Tomaz Tadeu. **Documentos de identidade:** uma introdução às teorias do currículo. Belo Horizonte: Autêntica, 2013.

SIMÃO, Renan. 12 erros clássicos do PPP para evitar. **Nova Escola,** [s. l.], 6 jun. 2019. Disponível em: https://gestaoescolar.org.br/conteudo/2182/12-erros-clas-sicos-do-ppp-para-evitar. Acesso em: 22 ago. 2024.

TARDIF, Maurice. **Saberes docentes e formação profissional.** 14. ed. Petrópolis: Vozes, 2014.

UNESCO. **Política Nacional de Educação Especial na Perspectiva da Educação Inclusiva.** Brasília: Unesco, 2009.

VEIGA, Ilma Passos Alencastro (org.). **Projeto político-pedagógico da escola:** uma construção possível. 29. ed. Campinas: Papirus, 2013. (Coleção Magistério: formação e trabalho pedagógico).

VEIGA, Ilma Passos Alencastro (org.). **Quem sabe faz a hora de construir o projeto político-pedagógico.** Campinas: Papirus, 2007.

VEIGA, Ilma Passos Alencastro. Inovações e projeto político-pedagógico: uma relação regulatória ou emancipatória? **Caderno Cedes,** Campinas, v. 23, n. 61, p. 267-281, dez. 2003.

VEIGA, Ilma Passos Alencastro. Projeto Político-Pedagógico e gestão democrá-tica: novos marcos para a educação de qualidade. **Revista Retratos da Escola,** Brasília, v. 3, n. 4, p. 163-171, jan./jun. 2009.

VEIGA, Ilma Passos Alencastro. **Gestão democrática e inovação pedagógica:** o papel do PPP. 2. ed. Campinas: Papirus, 2019.

VEIGA, Ilma Passos Alencastro. **Projeto político-pedagógico da escola:** uma construção possível. 25. ed. Campinas: Papirus, 2013.

VEIGA, Ilma Passos Alencastro. **Projeto político-pedagógico e gestão democrática**: teoria e prática. 5. ed. Campinas: Papirus, 2017.

VYGOTSKY, Lev Semionovitch. **A formação social da mente**: o desenvolvimento dos processos psicológicos superiores. 6. ed. São Paulo: Martins Fontes, 1998.

WALLON, Henri. **Psicologia e educação da infância**. Lisboa: Estampa, 2007.

ANEXO

AVALIAÇÕES OBJETIVAS[11] APLICADAS NO ENCERRAMENTO DOS MÓDULOS VIA PLATAFORMA GOOGLE SALA DE AULA DO CURSO "BNCC E PPP: CONCEITOS, ESTRUTURA E ARTICULAÇÕES" (outubro de 2023 a março de 2024)

MÓDULO 1 – *INTRODUÇÃO À BNCC*

Questão 01) Os teóricos que estudam currículo, em suas pesquisas (MOREIRA; CANDAU, 2006), apontam vários entendimentos sobre o termo. De acordo com Moreira e Vieira (2010), como currículo escolar, numa dimensão ampliada, pode ser entendido?

a. a listagem de conteúdos bimestralizados a serem ensinados e aprendidos.

b. o conjunto de experiências escolares que se desdobram em torno do conhecimento, em meio a relações sociais, e que contribuem para a construção de identidades de nossos estudantes.

c. as experiências de aprendizagem escolares vivenciadas pelos estudantes e a prescrição de conteúdos para cada ano e etapa escolar, sendo aprovada pelos conselhos de educação.

d. conjunto de esforços pedagógicos planejados e executados verticalmente, de forma que o professor possa inculcar no intelecto dos estudantes.

e. a descrição de conteúdos, objetivos educacionais, recursos didáticos e processos de avaliação que são intrínsecos ao ato educativo contemporâneo.

---

[11] Avaliações elaboradas pelo próprio autor, que assumiu as atribuições de coordenador geral e professor formador no curso citado.

Questão 02) A BNCC trouxe inovações para a organização das etapas da Educação Básica, mas também se apropriou de outras discussões e marcos curriculares anteriores, dos quais é possível destacar:

I.   Lei n.º 10.639/2003, que instituiu a obrigatoriedade da temática "História e Cultura Afro-Brasileira".

II. Os Parâmetros Curriculares Nacionais (1997).

III. As Diretrizes Curriculares Nacionais para a Educação Básica (2010).

IV. Lei n.º 11.738/2008 que institui o piso salarial profissional nacional para os profissionais do magistério público da educação básica.

É correto afirmar que:

a) os itens I e IV estão corretos.

b) os itens I, II e III estão corretos.

c) os itens II e III estão corretos.

d) os itens III e IV estão corretos.

e) todos os itens estão corretos.

Questão 03) De acordo com as Diretrizes Curriculares Nacionais para a Educação Básica (CNE, 2010), julgue em (V) verdadeiro ou (F) falso os itens a seguir:

I.   ( ) Na Educação Básica, o respeito ao estudante é um princípio orientador de toda a ação educativa.

II. ( ) É responsabilidade dos sistemas educativos criarem condições para que todos tenham a oportunidade de receber a formação que corresponda à idade própria do percurso escolar.

III. ( ) O foco principal na organização da escola é o educando.

IV. ( ) O currículo deve objetivar ações que possibilitem o desenvolvimento do indivíduo em todas as suas dimensões: física, psíquica, cognitiva, afetiva, social, ética e estética.

A sequência marcada foi:

a) F, V, F, V   b) V, F, V, V   c) V, V, F, V   d) F, V, V, V   e) V, V, V, V

Questão 04) A ideia de construção de "um currículo mínimo, unificado" para a Educação Básica do país remonta ao processo Constituinte da década de 1980. Atualmente em vigência, quais marcos regulatórios nacionais sustentam legalmente a BNCC?

a. a Constituição Federal/1988, a LDBEN 9.394/1996 e o PNE 2014-2024.

b. a Constituição Federal/1988, a LDBEN 9.394/1996 e o PNE 2001-2010.

c. a LDBEN 9.394/1996, as DCNEB/2010 e o PNE 2014-2024.

d. a Constituição Federal/1988, a LDBEN 5.692/1971 e o PNE 2014-2024.

e. a BNCC não tem respaldo legal, mesmo sendo um documento normativo.

Questão 05) O artigo 26 da Lei n.º 9.394/96, LDBEN em vigor, afirma que os currículos da educação infantil devem contemplar a Base Nacional Comum Curricular (BNCC). Em dezembro de 2017, o Conselho Nacional de Educação a aprovou. Sobre esse tema, é correto afirmar que a BNCC é um documento de caráter:

a. reflexivo, que define o conjunto normativo orgânico e progressivo de aprendizagens essenciais como direito das crianças, jovens e adultos

b. opcional, que defende o conjunto normativo orgânico e progressivo de aprendizagens essenciais como direito das crianças, jovens e adultos

c. sugestivo, que defende o conjunto normativo orgânico e progressivo de aprendizagens essenciais como direito das crianças, jovens e adultos

d. normativo, que define o conjunto normativo orgânico e progressivo de aprendizagens essenciais como direito das crianças, jovens e adultos.

e. impositivo, pois o seu não cumprimento pode levar à responsabilidade penal e administrativa.

Questão 06) A LDBEN 9.394/1996 estabelece, de forma articulada com o regime de cooperação no sistema federativo brasileiro, as competências da União, dos estados, do Distrito Federal e dos municípios. No que tange à BNCC, o artigo 9º desta Lei determina como incumbência da União:

a. estabelecer, em colaboração com os estados, o Distrito Federal e os municípios, competências e diretrizes para a educação infantil, o ensino fundamental e o ensino médio, que nortearão os currículos e seus conteúdos mínimos, de modo a assegurar formação básica comum.

b. assegurar processo nacional de avaliação do rendimento escolar no ensino fundamental, médio e superior, em colaboração com os sistemas de ensino, objetivando a definição de prioridades e a melhoria da qualidade do ensino.

c. baixar normas gerais sobre cursos de graduação e pós-graduação.

d. assegurar, em colaboração com os sistemas de ensino, processo nacional de avaliação das instituições e dos cursos de educação profissional técnica e tecnológica.

e. assegurar processo nacional de avaliação das instituições de educação superior, com a cooperação dos sistemas que tiverem responsabilidade sobre este nível de ensino.

Questão 07) A respeito das terminologias da BNCC e do DC-GO, relacione a segunda coluna de acordo com a primeira.

Coluna 1

(1) BNCC

(2) DC-GO

(3) Competências gerais

(4) Competências específicas

Coluna 2

( ) Competências relacionadas à certa área do conhecimento ou componente curricular específico.

( ) Documento normativo que estabelece quais são os conhecimentos essenciais a todo estudante brasileiro na Educação Básica.

( ) Documento normativo aprovado pelo CEE-GO que traduz as normas da BNCC para a realidade estadual.

( ) São os objetivos gerais da Educação Básica, o que os estudantes precisam saber e fazer, a fim de garantir a eles o pleno exercício da cidadania e do mundo do trabalho.

A sequência marcada corresponde a:

a) 1, 2, 3, 4   b) 4, 2, 1, 3   c) 4, 3, 2, 1   d) 4, 1, 2, 3   e) 3, 1, 2, 4

Questão 08) A BNCC inova na primeira etapa da Educação Básica ao definir os objetivos educacionais, divididos por faixa etária e organizados em campos de experiências. Essa inovação é conhecida pela terminologia de:

a) habilidades

b) objetivos de aprendizagem e desenvolvimento

c) área do conhecimento

d) objetos do conhecimento

e) campos de experiência

Questão 09) A BNCC trouxe significativas modificações na educação infantil e aproximou a estruturação do ensino fundamental ao que já estava posto ao ensino médio em reformas anteriores. A respeito da segunda etapa da Educação Básica, leia o parágrafo a seguir e depois selecione a sequência que melhor completa as lacunas:

No _____, os _____ substituem o conceito de disciplina, visando a _____ e a contextualização. Eles são organizados em _____ que representam uma soma de componentes afins. As _____ são subdivisões de uma _____, sendo o que se pretende alcançar e se vincula ao objeto do conhecimento. Elas são codificadas.

a. ensino fundamental - componentes curriculares – interdisciplinaridade – áreas do conhecimento – habilidades - competência específica.

b. ensino fundamental – áreas do conhecimento – interdisciplinaridade – objetos do conhecimento – competência específica – habilidades.

c. objetos do conhecimento – habilidades – interdisciplinaridade – ensino fundamental – habilidades – competência específica.

d. competência específica – ensino fundamental – competência específica – habilidades – áreas do conhecimento – interdisciplinaridade.

e. interdisciplinaridade – objetos do conhecimento – competência específica – áreas do conhecimento – ensino fundamental – habilidades.

Questão 10) Desde os Parâmetros Curriculares Nacionais já se apresentava, emprestado do campo mercadológico, o conceito de competências vinculado à Educação. A BNCC não só manteve como ampliou esse conceito. Veja, no quadro a seguir, algumas definições de competência:

Quadro 1 – Definições sobre competências apresentadas no texto de Dias (2010)

Autor	Definição
Perrenoud (1999)	Uma competência traduz-se na capacidade de agir eficazmente perante um determinado tipo de situação, apoiada em conhecimentos, mas sem se limitar a eles.

Autor	Definição
Gentille; Bencini (2000)	Competência constitui a faculdade de mobilização de recursos cognitivos, como vista à resolução como pertinência e eficácia de uma série de situações.
Cruz (2001)	A competência é agir com eficiência, utilizando propriedade, conhecimentos e valores na ação que desenvolve e agindo com a mesma propriedade.
Roldão (2002)	É um saber em uso que exige interação e mobilização de conhecimentos, processos e predisposições que, ao incorporarem-se uns aos outros, vão permitir ao sujeito fazer, pensar, apreciar.
Perrenoud *et al.* (2002)	Define-se competência como a aptidão para enfrentar uma família de situações análogas, mobilizando de uma forma correta, rápida, pertinente e criativa, múltiplos recursos cognitivos: saberes, capacidades, micro competências, informações, valores, atitudes, esquemas de percepção de avaliação e de raciocínio.
Pereira (2005)	A competência integra, assim, raciocínios, decisões conscientes, inferências, hesitações, ensaios e erros para se ir automatizando e constituindo-se num esquema complexo.
Rychen; Tiana (2005)	Competência designa um sistema de ação complexo que envolve aptidões cognitivas e não cognitivas.
Estela; Vierida (2008)	A competência é uma combinação de conhecimentos, capacidades e atitudes adequadas ao contexto.

Fonte: Dias (2010)

A partir desses referenciais teóricos, como o conceito de competências é definido na BNCC?

a. Na BNCC, competência é definida como a estratificação de conhecimentos (conceitos e procedimentos), habilidades (práticas, cognitivas e socioemocionais), atitudes e valores para resolver demandas complexas da vida cotidiana, do pleno exercício da cidadania e do mundo do trabalho.

b. Na BNCC, competência é definida como a divisão de conhecimentos (conceitos e procedimentos), habilidades (práticas, cognitivas e socioemocionais), atitudes e valores para resolver demandas complexas da vida cotidiana, do pleno exercício da cidadania e do mundo do trabalho.

c. a BNCC, competência é definida como a desmobilização de conhecimentos (conceitos e procedimentos), habilidades (práticas, cognitivas e socioemocionais), atitudes e valores para resolver demandas complexas da vida cotidiana, do pleno exercício da cidadania e do mundo do trabalho.

d. Na BNCC, competência é definida como a especificação de conhecimentos (conceitos e procedimentos), habilidades (práticas, cognitivas e socioemocionais), atitudes e valores para resolver demandas complexas da vida cotidiana, do pleno exercício da cidadania e do mundo do trabalho.

e. Na BNCC, competência é definida como a mobilização de conhecimentos (conceitos e procedimentos), habilidades (práticas, cognitivas e socioemocionais), atitudes e valores para resolver demandas complexas da vida cotidiana, do pleno exercício da cidadania e do mundo do trabalho.

MÓDULO 2 – *O PROJETO POLÍTICO-PEDAGÓGICO E SUA RELEVÂNCIA*

Questão 01) Na BNCC, competência é definida como a mobilização de conhecimentos (conceitos e procedimentos), habilidades (práticas, cognitivas e socioemocionais), atitudes e valores para resolver demandas complexas da vida cotidiana, do pleno exercício da cidadania e do mundo do trabalho. O documento estabelece 10 competências gerais para a educação básica. Sobre estas competências, julgue os itens a seguir:

I. A competência 1 refere-se ao conhecimento, ou seja, valorizar e utilizar os conhecimentos sobre o mundo físico, social, cultural e digital.

II. As competências 7, 8, 9 e 10 são as chamadas competências socioemocionais.

III. Dentre as competências socioemocionais, cita-se empatia e cooperação, autonomia, autogestão, autoconhecimento e autocuidado.

IV. Devido a estruturação da Base, as 10 competências gerais serão trabalhadas no ensino fundamental, ensino médio e educação de jovens e adultos.

É correto afirmar que:

a) os itens I, III e IV estão corretos.

b) os itens I, II e III estão corretos.

c) os itens II, III e IV estão corretos.

d) os itens III e IV estão incorretos.

e) todos os itens estão corretos.

Questão 02) Detalhando os estudos sobre as 10 competências gerais estabelecidas na BNCC, relacione a segunda coluna de acordo com a primeira:

Coluna 1

(1) Cultura digital.

(2) Empatia e cooperação.

(3) Repertório cultural.

(4) Pensamento científico, crítico e criativo.

Coluna 2

( ) exercitar a empatia, o diálogo, a resolução de conflitos e a cooperação.

( ) exercitar a curiosidade intelectual e utilizar as ciências com criticidade e criatividade para investigar causas, elaborar e testar hipóteses, formular e resolver problemas e criar soluções.

( ) compreender, utilizar e criar tecnologias digitais de forma crítica, significativa e ética.

( ) valorizar as diversas manifestações artísticas e culturais para fruir e participar de práticas diversificadas da produção artístico-cultural.

A sequência marcada corresponde a:

a) 1, 2, 3, 4   b) 2, 4, 3, 1   c) 4, 3, 2, 1   d) 2, 4, 1, 3   e) 3, 4, 2, 1

Questão 03) A BNCC estabelece que na primeira etapa da educação básica, e de acordo com os eixos estruturantes (interações e brincadeiras), devem ser assegurados seis direitos de aprendizagem e desenvolvimento, para que as crianças tenham condições de uma formação integral. Quais são esses direitos de aprendizagem e desenvolvimento?

a. comunicar, brincar, conviver, explorar, expressar-se e crescer.

b. conviver, interagir, participar, explorar, expressar-se e autocuidado.

c. conviver, brincar, participar, explorar, expressar e conhecer-se.

d. conviver, participar, brincar, explorar, empatia e conhecer-se.

e. comunicar, brincar, participar, explorar, expressar e conhecer-se.

Questão 04) Os direitos de aprendizagem e desenvolvimento estabelecidos para a educação infantil na BNCC (BRASIL, 2017) foram definidos a partir das DCNEI (BRASIL, 2009) considerando aspectos importantes quanto ao desenvolvimento infantil. A partir dessa afirmação, julgue em (V) verdadeiro ou (F) falso os itens a seguir:

I. o reconhecimento das especificidades das crianças quanto aos seus modos próprios de interagir, conhecer, aprender e desenvolver;

II. a construção identitária das crianças relacionada à necessidade de constituição de novas formas de sociabilidade e de subjetividade;

III. os eixos do currículo, as interações e as brincadeiras, estruturantes da prática pedagógica.

IV. o trabalho pedagógico na educação infantil deverá ser organizado em habilidades e áreas do conhecimento, denominadas de campos de experiências.

A sequência marcada foi:

a) F, V, F, V   b) V, F, V, V   c) V, V, F, V   d) F, V, V, V   e) V, V, V, F

Questão 05) De acordo com a BNCC, cada área do conhecimento explicita, na segunda etapa da educação básica, seu papel na formação integral dos estudantes e destaca particularidades para os anos iniciais e anos finais, considerando tanto as características do alunado quanto as especificidades e demandas pedagógicas dessas fases da escolarização. Sobre essa afirmação, não se constitui área do conhecimento, com os respectivos componentes curriculares:

a. Itinerários formativos: meio ambiente, cidadania e agronegócio.

b. Linguagens: língua portuguesa, arte, educação física, língua inglesa.

c. Ciências da Natureza: ciências.

d. Ciências Humanas: geografia e história.

e. Ensino Religioso: ensino religioso.

Questão 06) "Expressam as aprendizagens essenciais relativas aos objetos do conhecimento que devem ser assegurados aos estudantes nos diferentes contextos escolares", determinadas para o ensino fundamental. O conceito refere-se:

a. às áreas de conhecimento.

b. aos objetos do conhecimento.

c. aos componentes curriculares.

d. aos objetivos de aprendizagem e desenvolvimento.

e. às habilidades.

Questão 07) Leia a habilidade: "(GO-EF02EF03) Propor estratégias para resolver desafios de brinquedos, brincadeiras e jogos populares do contexto comunitário e regional, com base no reconhecimento das características dessas práticas". Agora, faça a análise dos itens a seguir:

I. É uma habilidade prevista para ser trabalhada no 1º e 2º anos escolares do ensino fundamental no componente de educação física.

II. A habilidade tem o processo cognitivo indicado pelo verbo "propor".

III. Em "(...) estratégias para resolver desafios de brinquedos, brincadeiras e jogos populares do contexto comunitário e regional (...)", encontramos o objeto do conhecimento.

IV. Em "(...) com base no reconhecimento das características dessas práticas", localiza-se o modificador ou contexto.

É correto afirmar que:

a) apenas os itens I, III e IV estão corretos. b) apenas os itens I, II e III estão corretos.

c) os itens II, III e IV estão incorretos. d) apenas o item I está incorreto.

e) todos os itens estão corretos.

Questão 08) De acordo com a BNCC, a progressão das aprendizagens, que se explicita na comparação entre os quadros relativos a cada ano escolar (ou bloco de anos), pode tanto estar relacionada aos processos cognitivos em jogo – sendo expressa por verbos que indicam processos cada vez mais ativos ou exigentes – quanto aos objetos de conhecimento – que podem apresentar crescente sofisticação ou complexidade –, ou, ainda, aos modificadores – que, por exemplo, podem fazer referência a contextos mais familiares aos estudantes e, aos poucos, expandir-se para contextos mais amplos. A esse respeito, leia o parágrafo a seguir e depois selecione a sequência que melhor completa as lacunas:

A BNCC estabelece um sistema de _____ das habilidades. As habilidades e os _____ estão ordenados de modo a viabilizar o desenvolvimento dos _____ do estudante. Esse ordenamento, nominado de progressão, acontece de duas formas. Na _____, o ordenamento de habilidades e objetos de conhecimentos no decorrer de um mesmo ano escolar. Já na _____, o ordenamento de habilidades e objetos de conhecimento ao longo do curso (dos anos escolares).

a. progressão – objetos do conhecimento – processos cognitivos – progressão horizontal – progressão vertical.

b. escalonamento – objetivos da aprendizagem e do desenvolvimento – processos operativos – progressão horizontal – progressão vertical.

c. progressão – objetos do conhecimento – processos cognitivos – progressão vertical – progressão horizontal.

d. hierarquia – direitos de aprendizagem – processos cognitivos – progressão horizontal – progressão vertical.

e. hierarquia – objetos do conhecimento – processos mentais – progressão vertical – progressão horizontal.

Questão 09) A Lei n.º 9.394/1996 estabelece o projeto político-pedagógico como um dos pilares da democratização da gestão escolar. Segundo esse ordenamento legal, a construção coletiva dar-se-á por meio de três eixos principais. A respeito de tais eixos, julgue os itens a seguir em (V) verdadeiro ou (F) falso:

I. Eixo da flexibilidade: vincula-se à autonomia, possibilitando à escola organizar o seu próprio trabalho pedagógico.

II. Eixo da autonomia: toda instituição tem liberdade absoluta para elaboração do seu projeto político-pedagógico, independente de emanações regulamentares, visto que a vontade da comunidade escolar pode se sobrepor a elas.

III. Eixo da liberdade: expressa-se no âmbito do pluralismo de ideias e de concepções pedagógicas e da proposta de gestão democrática do ensino público a ser definida em cada sistema de ensino.

IV. Eixo da avaliação: reforça um aspecto importante a ser observado nos vários níveis do ensino público (art. 9º, inciso VI).

A sequência correta corresponde a:

a) F, V, F, V   b) V, F, V, F   c) V, F, V, V   d) F, V, V, V   e) V, V, V, F

Questão 10) No sentido etimológico, o termo projeto vem do latim "projectu" = "lançado". É particípio passado do verbo "projicere", que significa "lançar para frente". É um plano, intento, desígnio. Empreendimento. Saber onde se quer chegar para definir melhor os caminhos. Considerando as referências teóricas estudadas, analise as assertivas a seguir:

I. Projeto: é uma reunião de propostas que têm como objetivo a realização de uma ação. Assim, essa palavra traz a ideia de futuro, que tem como ponto de partida o presente;

II. Projeto: a palavra define o conjunto de métodos utilizados na educação para que cada sujeito se desenvolva de forma global. No documento, o termo faz menção a todos os projetos e atividades educacionais que são utilizados nos processos de ensino e aprendizagem.

III. Político: esse termo se refere à função social das instituições de ensino. Seu significado está relacionado à possibilidade de fazer da escola um espaço emancipatório que atua na formação de cidadãos ativos na construção da sociedade;

IV. Pedagógico: a palavra define o conjunto de métodos utilizados na educação para que cada sujeito se desenvolva de forma global. No documento, o termo faz menção a todos os projetos e atividades educacionais que são utilizados nos processos de ensino e aprendizagem.

V. Pedagógico: esse termo se refere à função social das instituições de ensino. Seu significado está relacionado à possibilidade de fazer da escola um espaço emancipatório que atua na formação de cidadãos ativos na construção da sociedade;

É correto afirmar que:

a) apenas os itens I, II e IV estão corretos.   b) apenas os itens I, III e IV estão corretos.

c) os itens I, III e V estão incorretos.   d) apenas os itens I, III e V estão corretos.

e) apenas os itens II, III e IV estão corretos.

MÓDULO 3 - *ARTICULANDO A BNCC AO PPP*

Questão 1) A Lei n.º 9.394/1996 trouxe avanços significativos no campo da gestão democrática, destacando a necessidade de conselhos escolares ou equivalentes e a participação dos profissionais da educação na elaboração e execução da proposta pedagógica da escola. Sobre esse ponto específico, depreende-se da Lei três eixos estruturantes. Relacione a segunda coluna de acordo com a primeira:

Coluna 1

(A) Eixo da flexibilidade

(B) Eixo da avaliação

(C) Eixo da liberdade

Coluna 2

( ) expressa-se no âmbito do pluralismo de ideias e de concepções pedagógicas e da proposta de gestão democrática do ensino público a ser definida em cada sistema de ensino.

( ) vincula-se à autonomia, possibilitando à escola organizar o seu próprio trabalho pedagógico.

( ) reforça um aspecto importante a ser observado nos vários níveis do ensino público (art. 9º, inciso VI).

A sequência correta corresponde a:

a) A, B, C   b) A, C, B   c) C, A, B   d) C, B, A   e) B, A, C

Questão 2) Dentre os princípios da Educação elencados no artigo 3º da Lei n.º 9.394/1996, observa-se os incisos que se vinculam ao projeto político-pedagógico:

"II.   liberdade de aprender, ensinar, pesquisar e divulgar a cultura, o pensamento, a arte e o saber;"

"III.   pluralismo de ideias e de concepções pedagógicas; [...]"

"VIII.   gestão democrática do ensino público, na forma desta Lei e da legislação dos sistemas de ensino;"

"IX.   garantia de padrão de qualidade;"

Está correta a seguinte opção:

a) Os itens II, III e IX estão corretos.

b) Apenas o item II está correto.

c) Os itens III e VIII estão corretos.

d) Nenhum dos incisos se vinculam ao PPP.

e) Todos os incisos acima se vinculam ao PPP.

Questão 3) No artigo 44 das Diretrizes Curriculares Nacionais para Educação Básica (CNE, 2010), entende-se o projeto político-pedagógico enquanto instância de construção coletiva que respeita os sujeitos das aprendizagens, entendidos como cidadãos com direitos à proteção e à participação social, estabelecendo o que deve constar no documento. Nesse contexto, julgue os itens a seguir em (V) verdadeiro ou (F) falso:

( ) a definição de qualidade das aprendizagens e, por consequência, da escola, no contexto das desigualdades que se refletem na escola;

( ) A concepção sobre educação, conhecimento, avaliação da aprendizagem e mobilidade escolar;

( ) As bases norteadoras da organização do trabalho pedagógico;

( ) O perfil real dos sujeitos – crianças, jovens e adultos – que justificam e instituem a vida da e na escola, do ponto de vista intelectual, cultural, emocional, afetivo, socioeconômico, como base da reflexão sobre as relações vida-conhecimento-cultura professor-estudante e instituição escolar;

( ) O diagnóstico da realidade concreta dos sujeitos do processo educativo, contextualizados no espaço e no tempo;

A sequência marcada corresponde a:

a) V, V, V, V, V

b) F, V, V, V, V

c) V, V, V, V, F

d) V, F, V, V, F

e) F, V, F, V, F

Questão 4) Considerando esses ordenamentos, a LDB e as DCNs reconhecem na escola um importante espaço educativo e nos profissionais da educação uma competência técnica e política que os habilita a participar da elaboração do seu projeto político-pedagógico. É correto afirmar que:

a. Nessa perspectiva burocrática, o ordenamento legal amplia o papel da escola diante da sociedade, coloca-a como centro de atenção das políticas educacionais mais gerais e sugere o fortalecimento de sua autonomia.

b. Essa autonomia construída objetiva ampliar os espaços de decisão e participação da comunidade atendida pela escola, criando e desenvolvendo instâncias coletivas – como os conselhos escolares ou equivalentes – previstas no art. 14 da LDB.

c. Quando a escola é incapaz de construir, implementar e avaliar o seu projeto político-pedagógico, ela propicia uma educação de qualidade e exerce sua autonomia pedagógica.

d. Ao exercer essa autonomia, a escola, consciente de sua missão, implementa um processo individualizado de planejamento e responde por suas ações e seus resultados.

e. Essa autonomia imposta objetiva ampliar os espaços de decisão e participação da comunidade atendida pela escola, criando e desenvolvendo instâncias coletivas – como os conselhos escolares ou equivalentes – previstas no art. 14 da LDB.

Questão 5) Leia o parágrafo a seguir e complete as lacunas:

"O _____ sempre parte do que já existe na escola e propõe outros _____ à sua _____. Em função disso, ele se torna, ao mesmo tempo, um dever e um direito da escola. Um _____ porque, por meio dele, a escola consolida sua autonomia e os seus vários atores podem pensar, executar e avaliar o próprio trabalho. Um _____ por se tratar do elemento responsável pela vida da escola em seu tempo institucional".

A sequência que completa corretamente as lacunas acima é:

a. projeto político-pedagógico – determinantes – especificidade – dever - direito

b. projeto político-pedagógico – significados – especificidade – dever - direito

c. projeto político-pedagógico – direcionamentos – realidade – direito - dever

d. projeto político-pedagógico – significados – realidade – dever - direito

e. projeto político-pedagógico – significados – realidade – direito - dever

Questão 6) O Conselho Municipal de Educação de São Luís de Montes Belos visando atualizar seus marcos de regularização das instituições vinculadas ao Sistema Municipal de Educação, baixou em 2019 a Resolução n.º 15. Dentre outros temas, a referida norma trata do projeto político-pedagógico. Uma iniciativa do CME foi vincular a vigência do PPP ao mandato do diretor escolar eleito, ou seja, por dois anos. Para isso, dividiu a estrutura do projeto em duas partes. Sobre essas duas partes, classifique os itens abaixo em (1) para primeira parte e (2) para a segunda parte:

( ) o calendário escolar para materializar o planejamento anual;

( ) a concepção de Educação que norteia a prática pedagógica e gestão;

( ) as metas de ação e respectivo cronograma para o ano letivo, inclusive, os programas e projetos de ensino que serão desenvolvidos;

( ) os projetos de ensino a serem desenvolvidos;

( ) o processo de avaliação institucional interna, que contemple a avaliação do Projeto Político-Pedagógico, ao longo de sua vigência;

( ) a proposta de formação continuada, construída e organizada de modo a estabelecer um processo de aprimoramento constante dos seus profissionais e a definição das ações que são da competência da instituição e as que são de responsabilidade da mantenedora;

Marque a sequência correta:

a) 2, 1, 2, 2, 1, 1

b) 2, 2, 1, 1, 2, 2

c) 1, 1, 2, 2, 1, 2

d) 1, 2, 1, 1, 2, 2

e) 2, 2, 1, 2, 1, 2

Questão 7) O projeto político-pedagógico é o principal instrumento norteador as ações da unidade escolar. Ele deve ser pensado e materializado em três contextos: a realidade, a finalidade e a mediação. Nesse sentido, é correto afirmar sobre as finalidades do PPP:

a. O PPP contempla a escola como um todo em sua perspectiva burocrática, não apenas em sua dimensão pedagógica.

b. O PPP uma ferramenta que auxilia a escola a definir suas prioridades, a converter as prioridades em metas educacionais e outras concretas, a decidir o que fazer para alcançar as metas de aprendizagem, a ignorar se os resultados foram atingidos e a avaliar o próprio desempenho.

c. Toda UE deve ter definida, para a Secretaria Municipal de Educação, exclusivamente, uma identidade e um conjunto orientador de princípios e de normas que sistematizem e conduzam a ação pedagógica cotidiana.

d. O PPP é uma ferramenta que auxilia a escola a definir suas prioridades, a converter as prioridades em metas educacionais e outras concretas, a decidir o que fazer para alcançar as metas de aprendizagem, a medir se os resultados foram atingidos e a avaliar o próprio desempenho.

e. O PPP contempla exclusivamente os projetos e programas da Secretaria Municipal de Educação como um todo em sua perspectiva estratégica, não apenas em sua dimensão pedagógica.

Questão 8) O projeto político-pedagógico, como documento e plano de ação da unidade escolar, deve contemplar quatro dimensões: pedagógica, financeira, jurídica e administrativa. A respeito dessas dimensões, relacione a segunda coluna de acordo com a primeira.

Coluna 1

(A) Dimensão Pedagógica

(B) Dimensão Financeira

(C) Dimensão Jurídica

(D) Dimensão Administrativa

Coluna 2

( ) Retrata a legalidade das ações e a relação da escola com outras instâncias do sistema de ensino – municipal, estadual e federal – e com outras instituições do meio no qual está inserida.

( ) Refere-se àqueles aspectos gerais de organização da escola, como: gerenciamento do quadro de pessoal, do patrimônio físico, da merenda, dos demais registros sobre a vida escolar, etc.

( ) Autonomia da escola sem ferir os princípios de legalidade e responsabilidade, observando o disposto na Constituição Federal e na LDB/1996 em relação à Educação.

( ) Diz respeito ao trabalho da escola como um todo em sua finalidade primeira e a todas as atividades desenvolvidas tanto dentro quanto fora da sala de aula, inclusive à forma de gestão, à abordagem curricular e à relação escola-comunidade.

( ) Relaciona-se às questões gerais de captação e aplicação de recursos financeiros, visando sempre à sua repercussão em relação ao desempenho pedagógico do aluno.

A sequência marcada corresponde a:

a) C, D, C, A, B   b) C, D, D, A, B   c) D, D, C, A, B

d) A, D, C, A, B   e) C, D, C, B, A

Questão 9) O PPP deve representar o conjunto de princípios que norteiam a elaboração e a execução dos planejamentos, por isso, envolve diretrizes mais permanentes, que abarcam conceitos subjacentes à educação. Leia os seguintes princípios e os avalie.

I. Gestão democrática.

II. Valorização dos profissionais da educação.

III. Relacionamento da escola com a comunidade.

IV. Centralização.

V. Autonomia.

Marque a opção correta:

a) Todos os itens estão corretos.   b) Somente os itens I, II e V estão corretos.

c) O item IV está incorreto.   d) Somente os itens IV e V estão incorretos.

e) Os itens I, III e IV estão corretos.

Questão 10) Um bom projeto político-pedagógico tem como benefícios fortalecer a identidade da escola, esclarecer a sua organização, definir objetivos para a aprendizagem e desenvolvimento dos estudantes e definir os métodos e procedimentos para se atingir os objetivos. Para tanto, deve ser organizado em marcos estruturais. A esse respeito, relacione a segunda coluna de acordo com a primeira.

Coluna 1

(A) Marco Diagnóstico

(B) Marco Referencial

(C) Marco Operacional ou Programação

Coluna 2

( ) Tomada de posição da instituição. Aqui podemos escrever: o histórico; a missão, visão e valores; referencial teórico-metodológico; concepções de sociedade, de Educação, filosóficas.

( ) Plano de ação. Com base no diagnóstico, é elaborado por meio de metas pedagógicas, administrativas e financeiras

( ) Levantamento de dados da realidade escolar. Como está o ensino? Como está a aprendizagem, o sistema de avaliação, a estrutura física? Quais os indicadores? Evidências?

A sequência marcada corresponde a:

a) C, B, A   b) A, B, C   c) B, C, A   d) B, A, C   e) C, A, B

MÓDULO 4 - *PRÁTICAS PEDAGÓGICAS E AVALIAÇÃO*

Questão 1) Quando se trata de avaliação da aprendizagem, é possível conhecer diferentes concepções. Associe a segunda coluna de acordo com a primeira, relacionando os autores às ideias-sínteses de suas propostas teóricas.

Coluna 1

(A) Paulo Freire

(B) Cipriano Luckesi

(C) Celson Antunes

(D) Anísio Teixeira

Coluna 2

( ) avaliação diagnóstica e formativa.

( ) avaliação adaptativa às necessidades dos educandos.

( ) avaliação dialógica e contra a "educação bancária".

( ) avaliação por habilidades e competências.

A sequência correta corresponde a:

a) A, D, C, B   b) B, D, C, A   c) B, D, A, C   d) C, D, A, B   e) B, A, C, D

Questão 2) As concepções teóricas contribuem para a leitura e o entendimento da realidade. Nos casos das concepções de avaliação da aprendizagem, auxiliam os professores teoricamente a melhorarem suas práticas, sendo essenciais nesse percurso que também é formativo. Associe o referencial teórico com a síntese de seu pensamento sobre avaliação da aprendizagem, completando as lacunas.

"Avaliação da aprendizagem é um termo polissêmico, pois há várias formas de se pensar essa teoria e sua prática. Para _____, avaliação integrada aos processos de ensino e de aprendizagem; já para _____, avaliação baseada na zona de desenvolvimento proximal. Explica _____ que avaliação dialógica e contra a "educação bancária". _____, noutra concepção, defende que a avaliação deve ser adaptativa às necessidades dos educandos.

a. José Carlos Libâneo – Vygotsky – Paulo Freire – Anísio Teixeira

b. Celso Antunes – Vygotsky – José Carlos Libâneo – Paulo Freire

c. Cipriano Luckesi – Vygotsky – Paulo Freire – Anísio Teixeira

d. José Carlos Libâneo – Paulo Freire – Jussara Hofmann – Anísio Teixeira

e. Paulo Freire – Jussara Hofmann – Anísio Teixeira – Celso Antunes

Questão 3) Avaliar, num sentido tradicional, implica em julgar e atribuir uma unidade valor, podendo ser qualitativa quantitativa ou mista. Assinale o item que melhor se aplica à avaliação da aprendizagem:

a. análise do ambiente escolar, compreendendo os pontos fortes e os pontos de melhorias da instituição. Exemplo: FOFA, formulários, assembleias.

b. avaliação aplicada a uma rede inteira ou aos sistemas de ensino, como, por exemplo, o Saeb, o Ideb, o Enem e o Censo Escolar.

c. acompanhamento do desenvolvimento dos educadores no dia a dia da sala de aula. Exemplos: observação, registros, testes

d. restringe-se a Prova Brasil, Provinha Brasil, Avaliações Diagnósticas e Enem.

e. acompanhamento do desenvolvimento dos estudantes no dia a dia da sala de aula. Exemplos: observação, registros, testes.

Questão 4) A avaliação da aprendizagem tem como objetivo maior acompanhar o desempenho educacional dos educandos, preferencialmente de forma contínua. Existem vários tipos, formas ou procedimentos desse processo, preponderando, nos termos da Lei n.º 9.394/1996, a avaliação diagnóstica, formativa e somativa. Sobre esses termos, relacione a segunda coluna de acordo com a primeira:

Coluna 1

(A) Avaliação Formativa

(B) Avaliação Diagnóstica

(C) Avaliação Somativa

Coluna 2

( ) Verificar se o ensino foi eficiente e o desempenho do estudante.

( ) Compreender as lacunas e pontos fortes dos estudantes, quais conteúdos estão em falta.

( ) Ensinar ao mesmo tempo que verifica o que foi aprendido e se as estratégias são eficientes.

( ) Diagnosticar lacunas para elaboração de um plano pedagógico.

( ) Aplicada em final de ciclo com objetivo de atribuir notas.

( ) Aplicada durante todo o processo de aprendizagem com objetivo de dar feedback constante para os estudantes.

A sequência marcada foi:

a) A, B, C, C, B, A

b) C, B, A, A, C, B

c) B, C, C, A, B, A

d) C, B, A, B, C, A

e) C, B, A, C, B, A

Questão 5) As assertivas a seguir tratam da articulação entre BNCC, PPP e avaliação da aprendizagem. Analise-as e julgue-as:

I. As DCNEB servem como um referencial nacional obrigatório para todos os níveis da educação básica, estabelecendo competências e habilidades que devem ser desenvolvidas pelos alunos.

II. A BNCC é o documento que orienta todas as ações educativas na escola, incluindo os currículos que devem estar alinhados ao PPP, garantindo sua implementação efetiva.

III. O PPP promove a integração curricular, exigindo que o plano de aula organize os conteúdos de forma interdisciplinar e contextualizada, visando o desenvolvimento integral do aluno.

IV. A BNCC define competências e habilidades específicas para cada etapa da educação básica, que devem ser refletidas no Regimento Escolar, orientando a prática pedagógica e a avaliação.

Julgue os itens a seguir:

a) Apenas os itens I e II estão corretos.

b) Apenas os itens I, II e III estão corretos.

c) Os itens I, III e VI estão errados.

d) Todos os itens estão corretos.

e) Todos os itens estão incorretos.

Questão 6) "A BNCC enfatiza a importância da _____, que deve ser incorporada ao PPP como meio de acompanhamento contínuo do processo de aprendizagem, e não apenas como instrumento de medição de resultados". A frase pode ser completada por:

a) Avaliação formativa

b) Avaliação diagnóstica

c) Avaliação processual

d) Avaliação externa

e) Avaliação somativa

Questão 7) Apesar de ser um documento normativo, a BNCC em sua fase de implementação e adequação dos currículos escolares, prevê que deve ser constantemente avaliada. Nessa perspectiva, marque a opção correta.

a. A BNCC será avaliada a cada dois anos, podendo o Ministério da Educação e o Conselho Estadual de Educação promoverem alterações no documento.

b. Tanto a BNCC quanto o PPP são documentos vivos, que requerem revisão e atualização contínua para responder às mudanças na sociedade, na ciência e na tecnologia, garantindo uma educação relevante e atual.

c. A BNCC é um documento fixo, pois é um documento normativo. Já o PPP deve ser avaliado e revisado, sendo alterado em cada ano letivo.

d. Tanto a BNCC quanto as DCNs são documentos vivos, que requerem normatização e atualização contínua para responder às mudanças na sociedade, na ciência e na tecnologia, garantindo uma educação pragmática.

e. A BNCC, as DCNs e o PPP precisam de uma vigência prolongada, assim como o Plano Nacional de Educação que tem vigência decenal, a fim de que os impactos possam ser avaliados por meio de exames externos.

Questão 8) A BNCC e o PPP são documentos que se complementam. Nesse sentido, a Base se articula com todos os aspectos da organização escolar e o PPP é sua materialização na instituição de ensino. Analise os itens a seguir:

I. Ambos, BNCC e PPP, devem garantir práticas inclusivas, assegurando que todos os alunos, independentemente de suas necessidades especiais, tenham acesso a uma educação de qualidade.

II. A BNCC requer que os professores estejam continuamente se formando para enfrentar os desafios de sua implementação, aspecto que o PPP deve abordar, planejando ações de desenvolvimento profissional.

III. Enquanto a BNCC estabelece diretrizes nacionais, o PPP deve adaptá-las à realidade local, respeitando a diversidade cultural, social e econômica de cada comunidade escolar.

IV. A BNCC valoriza o protagonismo dos alunos. O PPP deve criar estratégias e atividades que promovam essa autonomia, integrando-a aos processos de ensino e avaliação.

Julgue os itens a seguir:

a) Apenas os itens I e II estão corretos.

b) Apenas os itens I, II e III estão corretos.

c) Os itens I, III e VI estão errados.

d) Todos os itens estão corretos.

e) Todos os itens estão incorretos.

Questão 9) A BNCC se articula ao PPP compreendendo essa relação como um processo avaliativo reflexivo. Com essa concepção, é correto afirmar que:

a. O Regimento Escolar deve estabelecer a avaliação como um processo reflexivo e participativo, em linha com as diretrizes da BNCC, permitindo aos alunos e professores refletirem sobre os processos de ensino e aprendizagem.

b. As DCNs devem estabelecer a avaliação como um processo reflexivo e participativo, em linha com as diretrizes da BNCC, permitindo aos alunos e professores refletirem sobre os processos de ensino e aprendizagem.

c. O PPP deve estabelecer a avaliação como um processo reflexivo e participativo, em linha com as diretrizes da BNCC, permitindo aos alunos e professores refletirem sobre os processos de ensino e aprendizagem.

d. A BNCC deve estabelecer a avaliação como um processo reflexivo e participativo, em linha com as diretrizes do PPP, permitindo aos alunos e professores refletirem sobre os processos de ensino e aprendizagem.

e. O PPP deve estabelecer a avaliação como um processo reflexivo e participativo, em linha com as diretrizes da BNCC, permitindo somente aos professores refletirem sobre os processos de ensino e aprendizagem.

Questão 10) A BNCC define competências e habilidades específicas para cada etapa da educação básica, que devem ser refletidas no PPP, orientando a prática pedagógica e a avaliação. Logo, competência é conceituada na Base como:

a. A estratificação de conhecimentos (conceitos e procedimentos), habilidades (práticas, cognitivas e socioemocionais), atitudes e valores para resolver demandas complexas da vida cotidiana, do pleno exercício da cidadania e do mundo do trabalho.

b. A mobilização de conhecimentos (conceitos e procedimentos), habilidades (práticas, cognitivas e socioemocionais), atitudes e valores para resolver demandas complexas da vida cotidiana, do pleno exercício da cidadania e do mundo do trabalho.

c. A divisão de conhecimentos (conceitos e procedimentos), habilidades (práticas, cognitivas e socioemocionais), atitudes e valores para resolver demandas complexas da vida cotidiana, do pleno exercício da cidadania e do mundo do trabalho.

d. A desmobilização de conhecimentos (conceitos e procedimentos), habilidades (práticas, cognitivas e socioemocionais), atitudes e valores para resolver demandas complexas da vida cotidiana, do pleno exercício da cidadania e do mundo do trabalho.

e. A especificação de conhecimentos (conceitos e procedimentos), habilidades (práticas, cognitivas e socioemocionais), atitudes e valores para resolver demandas complexas da vida cotidiana, do pleno exercício da cidadania e do mundo do trabalho.

Questão 11) Principalmente após a pandemia, as metodologias ativas ganharam espaço no campo pedagógico como estratégias para dinamização das aulas e mobilização do protagonismo estudantil. Sala de aula invertida, aprendizagem baseada em problemas, aprendizagem por estações, gamificação, entre outras passaram a fazer parte dos cursos de formação de professores. Sobre a aprendizagem baseada em projetos (ABP), é correto afirmar que:

a. É definida pela utilização de projetos autênticos e realistas, baseados em uma questão, tarefa ou problema altamente motivador e envolvente, para ensinar conteúdos acadêmicos aos estudantes no contexto do trabalho cooperativo para a resolução de problemas (Bender, 2014).

b. Definida pela utilização de projetos produzidos em outros contextos, baseados em uma questão, tarefa ou problema altamente motivador e envolvente, para ensinar conteúdos acadêmicos aos estudantes no contexto do trabalho cooperativo para a resolução de problemas (Bender, 2014).

c. Definida pela utilização de projetos produzidos em outros contextos, baseados em uma questão, tarefa ou problema distante da realidade dos estudantes, para ensinar conteúdos acadêmicos aos estudantes no contexto do trabalho cooperativo para a resolução de problemas matemáticos (Bender, 2014).

d. Definida pela utilização de jogos e dinâmicas, baseados game altamente motivador e envolvente, para ensinar conteúdos acadêmicos aos estudantes no contexto do trabalho cooperativo para a resolução de problemas (Bender, 2014).

e. É definida pela utilização de projetos autênticos e realistas, baseados em uma questão, tarefa ou problema altamente motivador e envolvente, para ensinar conteúdos acadêmicos aos estudantes no contexto do trabalho cooperativo para a resolução de problemas (Freire, 2014).

Questão 12) Segundo Bender (2014), a ABP é definida pela utilização de projetos autênticos e realistas, baseados em uma questão, tarefa ou problema altamente motivador e envolvente, para ensinar conteúdos acadêmicos aos estudantes no contexto do trabalho cooperativo para a resolução de problemas. São características da aprendizagem baseada em projetos:

I. Ancoragem
II. Trabalho em equipe colaborativo
III. Questão motriz
IV. Avaliação somativa
V. Investigação e inovação

Julgue os itens acima:

a) Todos os itens estão corretos.

b) Os itens I e IV estão incorretos.

c) Somente o item I está incorreto.

d) Somente o item IV está incorreto.

e) Todos os itens estão incorretos.

Questão 13) A ABP, de acordo com Bender (2014), é definida pela utilização de projetos autênticos e realistas, baseados em uma questão, tarefa ou problema altamente motivador e envolvente, para ensinar conteúdos acadêmicos aos estudantes no contexto do trabalho cooperativo para a resolução de problemas. Sobre suas características, relacione a segunda coluna de acordo com a primeira:

Coluna 1

(A) Feedback e revisão

(B) Investigação e inovação

(C) Oportunidade e reflexão

(D) Questão motriz

Coluna 2

( ) Refere-se à criação de condições para participação dos estudantes, oportunizando reflexões sobre o processo e a própria aprendizagem.

( ) Todo tema é um problema e para melhor engajar os estudantes, o tema é apresentado na forma de uma pergunta.

( ) É uma das etapas, que precisa ser continua, em todas as fases do projeto, proporcionando um diálogo entre os sujeitos e revisão das próprias aprendizagens.

( ) É o ponto central da ABP: desenvolver a capacidade de análise, reflexão e sínteses, criando novos produtos e contribuições teóricas.

A sequência marcada foi:

a) B, C, D, A

b) C, A, D, B

c) A, B, C, D

d) D, C, B, A

e) C, D, A, B

Questão 14) As práticas de ensino baseadas em projetos podem contribuir com a dinamização das aulas e a construção de uma aprendizagem significativa. Dentre seus pontos-chave, compreensão e habilidades, estão corretos, exceto:

a. Engajamento e formação

b. Construção de culturas

c. Gerenciamento das atividades

d. Controle rígido e inflexível das atividades

e. Alinhamento aos padrões.

Questão 15) A formação de novas culturas a partir da execução de projetos de ensino é uma das maiores contribuições para práticas de ensino e de aprendizagem inovadoras. Ou seja, é preciso investir e insistir no processo. Nesse sentido, é incorreto afirmar que:

a. A ABP tem como premissa básica o uso de problemas da vida real para estimular o desenvolvimento conceitual, procedimental e atitudinal do discente.

b. Uma das potencialidades da utilização da ABP, principalmente quando relaciona diferentes componentes curriculares e áreas do conhecimento, é levar os alunos a compreender que o conhecimento não é fragmentado e o que aprendem na escola pode ter uma aplicação concreta na sociedade.

c. Por se tratar de uma cultura, uma única tentativa será suficiente para que professores e estudantes internalizem e incorporem a rotina da aprendizagem baseada em projetos.

d. Os temas dos projetos devem, inicialmente, partir do universo dos educandos, da sua cultura, de forma que tenham significados positivos e potencialidades reflexivas.

e. É papel do professor apoiar e avaliar a aprendizagem, de forma contínua, dos discentes, corresponsabilizando-os pelo processo.

Questão 16) Segundo José Moran (2021), há três formas de organizar projetos dentro da escola, sendo:

I. A primeira é por iniciativa de cada professor, para deixar suas aulas mais ativas dentro de seu componente curricular.

II. A segunda é integrar várias áreas do conhecimento e trabalhar colaborativamente com outros professores.

III. Quando a escola já tem experiência nas duas etapas anteriores, é possível organizar projetos que incluem toda a escola, com os alunos divididos em grupos para trabalhar em um grande coletivo.

Julgue os itens acima:

a) O item I está incorreto.

b) Apenas os itens I e III estão corretos.

c) Os itens I e II estão incorretos.

d) Todos os itens estão corretos.

e) Todos os itens estão incorretos.

Questão 17) A respeito dos elementos da aprendizagem baseada em projetos, relacione a segunda coluna de acordo com a primeira.

Coluna 1

(A) Problema real

(B) Pesquisa

(C) Colaboração

(D) Plano de ação

Coluna 2

( ) Inclui a definição de metas, cronogramas, recursos necessários e atividades específicas que serão realizadas ao longo do projeto.

( ) É o ponto focal do projeto. Essa questão deve ser relevante, envolvente e estimular a curiosidade e o pensamento crítico dos estudantes.

( ) O trabalho em equipe é essencial para compartilhar ideias, habilidades e responsabilidades, promover a comunicação efetiva e a resolução de problemas.

( ) Envolve coleta de dados, análise de informações, pesquisa em fontes diversas e aprofundamento do entendimento sobre o tema em estudo.

A sequência marcada corresponde a:

a) D, A, C, B	b) D, C, A, B
c) A, B, C, D	d) B, A, D, C
e) C, D, A, B	

Questão 18) Um dos pontos altos da aprendizagem baseada em projetos (ABP) é a culminância, ou seja, o momento de se compartilhar com a comunidade escolar os produtos construídos no processo educativo. Sobre os produtos, é correto afirmar:

a. Exclui relatórios, apresentações, protótipos, vídeos, eventos ou qualquer forma de resultado que demonstra o aprendizado e a aplicação do conhecimento.

b. Inclui relatórios, apresentações, protótipos, vídeos, eventos ou qualquer forma de resultado que demonstra o ensino e a aplicação do conhecimento.

c. Inclui sanções disciplinares ou qualquer forma de resultado que demonstra o aprendizado e a aplicação do conhecimento.

d. Inclui apenas atividades produzidas a partir do uso de novas tecnologias ou qualquer forma de resultado que demonstra o aprendizado e a aplicação do conhecimento.

e. Inclui relatórios, apresentações, protótipos, vídeos, eventos ou qualquer forma de resultado que demonstra o aprendizado e a aplicação do conhecimento.

Questão 19) No processo de construção de novos conhecimentos, os objetos do conhecimento são um aspecto a ser considerado. Ao questionarmos "o que o aluno deve saber?", "o que se deve saber fazer?" e "como se deve ser?", estamos tratando de aprendizagens de conteúdos conceituais, procedimentais e atitudinais, respectivamente. Entende-se por conteúdo conceitual o conhecimento de um conjunto de fatos, acontecimentos, situações, dados e fenômenos concretos. Para ensinar os conteúdos conceituais é possível trabalhar com um modelo expositivo sem excessos de informação, estudos individuais com o estímulo no desenvolvimento de exercícios e prova, evitando que as aprendizagens estejam desvinculadas da capacidade de utilização do conhecimento em diversos contextos (Zabala, 1998). Para iniciar a problematização de um projeto com a turma, algumas estratégias facilitam e contribuem com o trabalho do professor e o engajamento dos estudantes. Sobre essas estratégias, complete o parágrafo a seguir:

"Uma boa estratégia para plantar a ideia da metodologia _____ com os estudantes, é por meio do _____. Por meio dele, definida a temática, é possível identificar _____, ou seja, realizar o levantamento dos conhecimentos prévios. Em seguida, passa-se a responder _____, indicando como aprofundar o conhecimento; por fim, define-se _____, isto é, quais serão as estratégias e o plano de ação. Para que tudo fique bem amarrado, a construção coletiva do _____, com as regras do jogo, seja acordado com toda a turma".

A sequência que completa adequadamente as lacunas acima é:

a. ABP – contrato didático – o que sabemos – o que queremos saber – como saber – quadro SQP

b. Quadro SQP – ABP – o que sabemos – como saber – o que queremos saber – contrato didático

c. ABP – contrato didático – como saber – o que sabemos – o que queremos saber – contrato didático

d. ABP – quadro SQP – o que sabemos – o que queremos saber – como saber – contrato didático

e. ABP – quadro SQP – o que queremos saber – como saber – o que sabemos – contrato didático

Questão 20) Conforme Mamede (2001), a ABP se configura como uma estratégia educacional e uma filosofia curricular, em que os discentes autodirigidos constroem o conhecimento de forma ativa e colaborativa e aprendem de forma contextualizada, apropriando-se de um saber com significado pessoal. Não é um método que possa ser utilizado de forma isolada em determinados componentes curriculares e está fundamentado nos princípios sobre os quais se baseia o processo de aprendizagem, com implicações e determinações sobre todas as dimensões organizacionais do processo educacional.

I. Neste método, o aluno precisa desenvolver a capacidade de descobrir e usar informações, construir suas próprias habilidades para resolver problemas e aprender o conteúdo necessário.

II. O currículo que melhor prepara o futuro cidadão e profissional do mercado não é aquele somente baseado em teoria, mas o que, além dos conhecimentos teóricos, mostra como aprender por conta própria e como usar as informações que são adquiridas.

III. Os discentes precisam de um conjunto de conhecimentos essenciais para o uso de forma eficaz na solução de problemas dentro e fora da universidade, ampliação ou melhora do seu conhecimento e desenvolvimento de estratégias para lidar com problemas futuros.

Julgue os itens acima:

a) O item I está incorreto.

b) Apenas os itens I e III estão corretos.

c) Os itens I e II estão incorretos.

d) Todos os itens estão corretos.

e) Todos os itens estão incorretos.

GABARITOS

Gabarito – Módulo 1

1	2	3	4	5	6	7	8	9	10
B	C	E	A	D	A	D	B	A	E

Gabarito – Módulo 2

1	2	3	4	5	6	7	8	9	10
B	D	C	E	A	E	D	A	C	B

Gabarito – Módulo 3

1	2	3	4	5	6	7	8	9	10
C	E	A	B	E	A	D	A	C	C

Gabarito – Módulo 4

1	2	3	4	5	6	7	8	9	10
C	A	E	D	E	A	B	D	C	B
11	12	13	14	15	16	17	18	19	20
A	D	E	D	C	D	A	E	D	D